「こころの教育」実践シリーズ 3

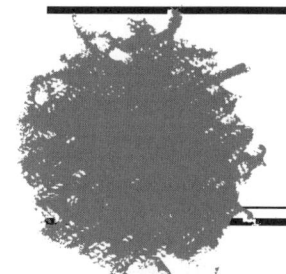

思いやりを育てる内観エクササイズ

道徳・特活・教科・生徒指導での実践

國分康孝 監修
國分久子
飯野哲朗 編著

図書文化

子どもたちに勧めたい内観体験

慶應義塾大学教授　村瀬　旻

　人生は人と人とのかかわり合いの連続である。言うまでもないことだが，それは誕生とともに始まり，児童・生徒・学生・教師のいずれもが，さまざまな人とのかかわり合いのなかでそれぞれの人生のコースをたどり，いま現在の生活をしている。

　「自分は生まれてこの方，どのような人とのかかわり合いのなかで生き，いま，ここにいるのだろうか？」。本書は，このようなことを教師にも生徒にも考えさせてくれる。

　これまでの自分の人生に目を向けてみることは，これからを生きるためにとても意味がある。どのように目を向けるか，それにはさまざまな方法があるだろう。「内観」はその一つの方法である。

　「東洋の知恵・内観」と称した人がいる*。吉本伊信（1916―1988）が創始したこの方法は，それを行ってみることで，自分のこれまでの人生への見方が変わり，そこから自分のこれからの人生への多くの気づきを得ることができるとても優れた方法である。

　私が内観を初めて知ったのは，この本の監修者である國分康孝先生・久子先生が主宰されていた「インターカレッジ人間関係ワークショップ」のなかであった。八王子の大学セミナーハウスにある遠来荘での夏の宵の内観エクササイズは，参加者の心を深く大きく動かすものであった。

　そのことが縁で，その後私は，北陸内観研修所の長島正博先生のもとで集中内観を行った。50歳，60歳と年齢を増してからだったが，交流分析でいう「人生の基本的立場」を新たにするような体験だった。そしてもっと若い時期に内観をするとよかったのにと思った。

　集中内観という本格的な内観は，ある程度の年齢になってからのものだと思う。しかし内観の核になっている「自分と人とのかかわり合いを見直すこと」は，簡潔な方法で，また若い人たちには年齢に応じたやり方で行うことができ，相応の効果があると思う。この本は学校でできるエクササイズの形でそれらを示している有用な本である。

*金光寿郎（1985）『東洋の知恵・内観』光雲社

はじめに——監修者のことば

國分康孝（Ph.D）
國分久子（M.A）

　教育カウンセリングの必須科目の一つ，構成的グループエンカウンター（SGE）は，國分らによって1974年ごろから実践・提唱されはじめた。このSGEの中に当初から組み入れられていたエクササイズの一つが内観である。この内観は，「ふれあい」と「自他理解」というSGEのねらいにこたえるものである。

　SGEのエクササイズの"one of them"としての内観を，サイコエジュケーションの方法（学校内観）として提示しているのが本書である。

　そこで，学校内観の意義，内観の効果，学校内観の今後の展望の3つについて監修者の考えを述べておきたい。これが，教え子飯野哲朗を私たちがサポートする理由でもある。

● 学校内観の意義

　まず第1は，子どもへのサイコエジュケーションになることである。

　これからの学校カウンセリングは週1回50分の面接を重ねる旧来の方式では役に立たない。集団対象に能動的にプログラムを展開する新しい方法，すなわちサイコエジュケーションが脚光を浴びる時代になりつつある。飯野の提唱する学校内観は，「思考（認知）のサイコエジュケーション」の一つとして推挙に値する。

　第2に，学校内観の導入は子どもに対する教師の態度育成になる。

　カウンセリング学派の中で内観ほどクライエントを大事に遇するものはない。指導者がクライエントに合掌し，礼拝し，手作りの食事をクライエントのもとに運んで供するというほどに，クライエントの存在に敬意を表するカウンセリングはほかにない。内観におけるこの師弟関係はすべての教育者のモデルになる。来談者中心療法よりも対応が能動的で

ある。

　第3に，学校内観は，教育カウンセラーの自己分析の契機になる。

　本書は子どもに施す内観が主題であるが，これの実施を機縁に，教師自身が内観を体験することを勧めたい。そのために，本書の8ページに内観研修所のリストをあげてある。週1回ずつの教育分析を重ねるより，集中内観のほうが効率的・効果的ではないかと思われる。

● **内観の効果**

　では，内観は何をどのように変えるのか。事実を思い出すことによって子どもが認知を変えるのである。その結果，感情も変わるし，行動も変わる。すなわち，認知（思考），感情，行動は三位一体である。この前提は論理療法と同じである。論理療法では認知（ビリーフ）を修正するのに，「論駁法」「イメージ法」「課題法」を用いるが，内観は「事実を思い出す方法」をとる。

　これにより，なぜ認知が変わるのか。

　國分らはこう説明している。事実を思い出すことによって，自分・他者・人生に対するゲシュタルト（認知）が変わるからである。すなわち，いままで意識にのぼらなかった事実（地　ground）を思い出すことによって，それが図（figure）になる。このゲシュタルトの変容が内観法のねらいであると解せられる。

　内観は精神分析理論や交流分析理論のように概念（例：交差的交流，知性化，ゲーム，感情転移）を覚えていないと洞察できないわけではない。ひたすら思い出すわけで，思い出すのに概念は不要である。

　内観で認知（ゲシュタルト）はどう変わるのか。

　自己・他者・人生に対して肯定的な認知になる。肯定的になるとは，「自分との和解」「他者との和解」「人生との和解」という意味である。和解したがゆえに「反逆　against」（例：詐欺，いじめ，けんか，万引）もしなくなり，「回避　away」（例：引きこもり，不登校，ノイローゼ，家出）も減り，「迎合　for」（例：お世辞，同調）もしないですむ。ひとことでいえば，無用な防衛機制をしないで素直な自分になれる。これ

が内観のねらいである。

● **学校内観のこれから**

　本書をきっかけとして，教育カウンセリング界に内観が広まることを願っている。そこでいくつかの提言をしておきたい。

1　教育分析の代替案として合宿制のSGE体験をすすめてきたが，そのプログラムの中に，ぜひ内観法のエクササイズを入れてほしい。『自分と向き合う究極のエンカウンター』（國分康孝・國分久子編著，図書文化）の示すように，内観は自他理解に効果があるからである。

2　学校内観にとって，シェアリングは不可欠な手順と思われる。3分ほどの内観でも，4人で15分くらいのシェアリングが，内観を深めるように思われる。内観に由来する寂しさ，罪障感，怒りを乗り越えるのを仲間同士のサポートが助けてくれるからである。

3　子どもによっては内観によって，不安，寂しさ，怒りが倍増し，セルフコントロールができなくなることがあり得る。最近親を失ったり，両親が離婚した子どもには内観のエクササイズはさせないほうがよい。

4　内観のシェアリングは，内容がきわめてパーソナルである。そのため，リレーションの有無が内観を実施するかどうかの決め手になる。したがって，学校内観を実施するには，事前にSGEを用いてリレーションを深めておく必要がある。

5　子どもの中には内観の結果，ますます親を許せなくなった（例：してもらったことは何もない，いじめられどおしだった）と訴えることがある。それゆえ，内観を行う教師は，自分が親との問題をまず解決しておくことである。そうでなければ共倒れになる。また自分の人生哲学で対応する勇気が必要である。傾聴だけではその場の応急処置にならない。

　最後に，吉本伊信の提唱した内観こそが内観の源流であり，学校内観はサイコエジュケーション・バージョンにすぎない。このことを忘れてはならない。

「こころの教育」実践シリーズ③
思いやりを育てる内観エクササイズ

子どもたちに勧めたい内観体験—2／はじめに—3

序　章　なぜ学校で「内観」か…… 9

第1章　「内観」とはどんな活動か…… 21
　　　　「集中内観」とは何か—22／「内観」で得られるもの—27
　　　　「集中内観」から「日常内観」へ—29

第2章　「内観のエクササイズ」で学べること…… 31
　　　　内観を支えるものの見方・考え方—33／内観的な人間観—37
　　　　内観的な人生観・世界観—43

第3章　学校でどう活用するか…… 49
　　　　内観のエクササイズを行う場面—50／「内観のエクササイズ」の効果を
　　　　上げるコツ—53／内観のエクササイズの指導上の配慮事項—61

第4章　「内観のエクササイズ」の基本レシピ…… 67
　　　　基本的な展開—68／介入のポイント—70
　　　　「内観のエクササイズ」の基本レシピ①〜⑨—70
　　　　　基本レシピ ①「基本形」—71
　　　　　基本レシピ ②「傾聴形式」—74
　　　　　基本レシピ ③「反復質問形式」—75
　　　　　基本レシピ ④「記録形式」—77
　　　　　基本レシピ ⑤「養育費を計算する活動」—79
　　　　　基本レシピ ⑥「うそと盗みについて調べる活動」—82
　　　　　基本レシピ ⑦「行動内観を使った活動」—85
　　　　　基本レシピ ⑧「身体内観を使った活動」—86
　　　　　基本レシピ ⑨「芸術的な表現を使った活動」—87

　　　　内観研修所紹介—8　　おもな参考文献—150・166

目次

第5章　実践！　内観エクササイズ…… 89
　　　〔教室で行う内観・小学校〕
　　　　　してあげたこと，してもらったこと（道徳，3年）—90
　　　　　かけがえのない人（道徳，5・6年）—94
　　　　　ぼくの私の通知表（学級活動，3〜6年）—98
　　　〔教室で行う内観・中学校〕
　　　　　かかわりウォッチング（帰りの会，全学年）—102
　　　　　節目のピリオド（特別活動，全学年）—106
　　　　　私の名前の意味（特別活動，1年）—110
　　　　　新たな惑星へ（道徳，3年）—114
　　　〔教室で行う内観・高校〕
　　　　　○○さんに対する私（国語，1年）—118
　　　　　心の掟（HR活動・生徒指導，全学年）—122
　　　　　内観ロールプレイ（HR活動，全学年）—126
　　　〔さまざまな場面で行う内観〕
　　　　　親からの手紙（宿泊行事，中学2年）—130
　　　　　初めてわかった母の思い（生徒指導，中学校）—134
　　　　　内観で仲直り（個別面接，中学校）—138
　　　　　体の症状と「私」（保健室，高校）—142
　　　　　内観インタビュー（研修会など，高校生・教師・社会人）—146

第6章　教師のための内観…… 151
　　　一人の人間としての成長，教師としての成長—152／亡き父母からのメッセージ—158／内観に支えられた自己開示—160
　　　自らの壁を乗り越える力に—162／自分を輝かせて生き抜く源泉—164

第7章　「内観のエクササイズ」を補うために…… 167
　　　「内観」から学ぶもの—168／学校で行う「内観のエクササイズ」を補うために—170／日常に生きるトータルな力として—180

第8章　内観アラカルト…… 181
　　　学習指導要領と内観—182／「内観エクササイズ」のリーダーとしての内観の学習—184／2つの「内観エクササイズ」の誕生—186
　　　「内観インタビュー」の誕生—188／人としての成長と内観—190
　　　矯正教育における内観の活用—192

内観研修所紹介

● ひろさき親子内観研修所―竹中哲子
〒036-8253　青森県弘前市緑ヶ丘1-4-8
Tel・Fax　0172-36-8028

● 瞑想の森内観研修所―清水康弘
〒329-1412　栃木県さくら市喜連川5694
Tel 028-686-5020　Fax 028-686-6164
e-mail naikan@nifty.com
URL http://www5a.biglobe.ne.jp/~naikan/

● 白金台内観研修所―本山陽一
〒108-0071　東京都港区白金台3-13-18
Tel 03-5447-2705　Fax 03-5447-2706
e-mail zan25224@nifty.com
URL http://homepage3.nifty.com/shirokanedai/

● 静岡内観研修所―福田　等
〒421-0421　静岡県榛原郡榛原町細江194-15
Tel 0548-22-1149　Fax 0548-22-2433
e-mail mitra@tokai.or.jp
URL http://www2.tokai.or.jp/fukuda/

● 信州・伊東内観研修所―中野節子
〒395-0003　長野県飯田市上郷別府2439
〒414-0001　静岡県伊東市宇佐美初津2943
　　　　　　静海荘
Tel 090-3315-1479　Fax 042-387-2478
e-mail info@naikan-s.com
URL http://www.naikan-s.com

● 北陸内観研修所―長島正博
〒930-1325　富山市富山市文珠寺235
Tel・Fax 076-483-0715
e-mail info@e-naikan.jp
URL http://www.e-naikan.jp

● 奈良内観研修所―三木潤子
〒631-0041　奈良県奈良市学園大和町3-227
Tel 0742-48-2968 Fax 0742-48-4885
URL http://www.nara-naikan.jp

● 大和内観研修所―真栄城輝明
〒639-1133　奈良県大和郡山市高田口9-2
Tel 0743-52-2579　Fax 0743-54-1376
e-mail naikan3@nifty.com
URL http://homepage3.nifty.com/naikan/

● 和歌山内観研修所―藤浪　紘
〒640-0332　和歌山県和歌山市冬野1047
Tel・Fax　073-479-1871
e-mail h-fujinami@s9.dion.ne.jp

● 米子内観研修所―木村慧心
〒683-0842　鳥取県米子市三本松1-2-24
Tel 0859-22-3503　Fax 0859-22-1846

● 山陽内観研修所―林　孝次
〒722-0022　広島県尾道市栗原町10978-4
Tel・Fax 0848-25-3957

● 多布施内観研修所―池上吉彦
〒840-0822　佐賀県佐賀市多布施4-20-10
Tel 0952-24-1532　Fax 0952-24-1534
e-mail theng@nifty.com

● 蓮華院誕生寺―川原英照・大山真弘
〒865-0065　熊本県玉名市築地2288
Tel 0968-72-3300　Fax 0968-75-1065
e-mail rengein@uproad.ne.jp
URL http://www.uproad.ne.jp/rengein/

● 沖縄内観研修所―平山恵美子
〒901-1511　沖縄県島尻郡知念村字久手堅267-1
Tel 098-948-3966　Fax 098-948-3944
e-mail naikan@isis.ocn.ne.jp
URL http://www.okinawanaikan.gr.jp

2005年5月20日現在

序章　なぜ学校で「内観」か

　これから，学校の教育活動に内観を活用していこうという話をしていきます。序章では，なぜ学校で内観が必要なのか，吉本伊信先生（1916—1988）の開発された内観を学校でどう使っていこうとしているのかについて，私（飯野）の体験を話題として考えていこうと思います。

❶　私が教師になったころの生徒指導

　私が教員になったのは昭和50年代の中ごろのことです。赴任先は静岡県の観光地にある高校で，いわゆる「生徒指導がむずかしい」といわれる学校でした。

(1) 注意・説諭の生徒指導

　あるとき，バス停近くの土産物店から，学校に１本の電話が入りました。「そちらの学校の生徒が，また店の土産物の試食品を全部食べてしまったんです。何とかしてください」と言うのです。
　教員になったばかりの私は，とにかく先輩と一緒に土産物店に向かいました。お店に着くと，ひとしきり店主の苦情を聞きます。
　当の生徒はというと，少し離れたバス停のところに座っていました。
「おまえらか，店の試食品を食ったのは。常識ってもんがないのか」
「わかってるよ。腹へってたんだよ」
「腹へってるからといって，試食品を食っていいと思ってるのか」
「わかってるよ。うるせぇな〜」
と，おきまりのやりとりが続きます。生徒たちは，食べてはいけないとわかっているのです。でもおなかがすくと，つい手が出てしまうのです。
　こうした注意や説諭の繰り返しにどれだけの意味があるのか，教師に

なりたての私は，考え込んでいました。

(2) 受容・共感のカウンセリング

　夏休み間近，先輩から「夏休みにカウンセリングの講習会を受けないか」と誘われて，講習会に参加しました。いわゆる，受容，共感，傾聴を主体としたカウンセリングの学習会でした。

　なんだかもどかしいという印象はありましたが，一つの援助方法として手ごたえのようなものを感じました。そして，この研修で学んだカウンセリングを生かすときは，すぐにやってきました。

　2学期が始まってまもなく，1人の男子生徒が私に，「今度の日曜日に遊びに行ってもいいですか」と言うのです。当日，私のアパートにやってきた彼は，初めは学校や友達のことなど日常の出来事を話していましたが，しばらくすると，「勉強がわからずに学校に行くのがつらい」と話しはじめたのです。

　私は，夏休みに学んだカウンセリングを生かすときだと思い，傾聴に努めました。実際，彼はいろいろなことをよく考えていて，自分がどうすればよいのか，わかっているようでした。1時間ほど話をした後，「もう少し考えてみる」と言って帰っていきました。

　その後，私も彼のことは気にかけていましたが，落ち込んでいるような様子は見られず，前向きな方向で考えはじめているのかな，という程度に思っていました。しかし，その年の暮れになって，担任から，彼が退学することを聞かされたのです。

　きちんと理屈のわかっている彼が，結局どうすることもできなかったことが，私にはとても残念でした。それを援助するすべを知らなかった，未熟な教師である自分のふがいなさを悔いたものでした。

2　教師としての行きづまり

　生徒指導であれカウンセリングであれ，ベテランといわれる先生は，

たしかに生徒にきちんと対応していました。だからといって，その生徒から非行傾向がなくなることは少なかったようです。

(1) 理屈はわかっていても，行動に移せない生徒たち

生徒を厳しく指導しようと土産物店に私を引っ張っていった教師と，生徒の立場に立って援助しようと私をカウンセリング研修会に誘った教師。生徒指導のスタンスの異なるこの2人が，不思議なことに，同じことを言っていました。

「生徒は理屈はわかっている。でも，実際に行動はできない」と。

そのときのベテランの先生方は，それで満足していたのか，満足しなければならないと思っていたのかわかりません。私は，生徒指導とはそうしたものなのだろうと，あいまいな思いのまま数年を過ごしました。

それでも，初めての転勤を経験するころには，生徒はたしかに理屈はわかっているんだなと実感できるようになりました。そして，そこで立ち止まってはいけないのだろうという思いも強くなっていたのです。

単に「理解している，わかっている」というレベルから，「心底そう思う。実感している」というレベルまで理解を進めていかないと，生徒の行動を変えることはできない。でも，自分が経験してきた，厳しい注意や説諭でも，受容・共感的な接し方でも，期待するほどにはそうした変化は望めないようです。いったい，どうしたらよいのだろうと考え込んでいました。

(2) 生徒たちの課題は，まさに私の課題だった

その後，都市部の学校に転勤した私は，教師としての大きな行きづまりを感じていました。

担当クラスの生徒には問題行動が多く，指導の毎日。同僚との関係も，会議中に激しい口論になった同僚の仲裁に入ったり，つかみ合いのけんかを止めに入ったりと，むずかしいものがありました。そのうえ，学校に批判的な保護者もたくさんいたのです。

生徒にうそをつかれ，保護者に非難され，同僚にもそっぽを向かれてしまった……。そう感じた私にとって，学校の勤務は大変つらいものになっていました。自分がしっかりすればいいと理屈ではわかっていてもどうしようもなく，押しつぶされそうな自分を懸命に支えている状態でした。1年後には，ついに自分を支えきれなくなり，もともと弱かった胃腸を傷めて，病気休暇をとることになったのです。

　幸い，数か月で体調は回復し，職場に戻ることができました。とはいっても，打開策を見いだせないままの職場復帰です。「しっかりしなくては。みんな自分を理解して，励ましてくれている」と，自分に言い聞かせるほか手だてはありませんでした。

　私も，諸処の問題について聞かれれば，どういった対応が必要なのか，どう行動すればよいのか，きちんと答えることはできました。けれども，自信がもてませんでした。がっしりと握りしめられるような，実感や体感といったものが，私にはなかったのです。

　教師になったときに出会った生徒たちのことが，頭をよぎりました。あの土産物の試食品を食べてしまった生徒，勉強がわからずに学校を辞めてしまった生徒……。彼らと自分とはいま，同じ場所に立っている。「どうすればいいのかはわかっている。その理解していることを，どうしたら行動に移していくことができるのか」という課題は，実は私自身の課題であったことに，未熟な私はそのとき初めて気づいたのです。

３　内観との出会い

　しっかりと握りしめられるようなものとして，ものごとの考え方や生き方をつかみたいと思い，私はそれを懸命に探していました。

　そんなとき，ある本を読んでいて私の目に飛び込んできたのが「内観」の２文字です。読み進めるうちに興味がわいてきました。内観所の紹介の欄から，勤務校のすぐ近くに内観所があることを知った私は，さっそく内観所の主宰である安田シマ先生（1913―1990）を訪ねました。それか

らまもなくの冬休みを利用して，集中内観に臨むことにしたのです。

(1) 集中内観に臨む

　内観は部屋の隅に一双の屏風を立て，屏風で仕切られた半畳のスペースに座って行われます。私は，片方が明かり障子になった，庭に面した場所に案内されました。初日はなかなか集中できません。障子に映る日の光を追いながら，一日が過ぎていきました。

　内観法は，特定の人物に対して，「自分がどんなことでお世話になったか」「どんなことでお返しをしたか」「どんなことで迷惑をかけたか」について，生まれてから現在までを，数年ごとに区切って，繰り返し，具体的に思い出していく（調べていく）というものです。特定の人物は母親から始めるのが一般的ですが，母親が終わると，父親，姉など，特定の人物を変えていくことになります。一巡すると，また母親から繰り返します。

　4，5日が過ぎるころ，私は，高校を卒業して数年間の，母に対する自分について思い出していました。

(2) 失敗を繰り返す私を信じ続けてくれた母

　福岡県の片田舎にある高校を卒業すると，私は宗教について学ぼうと，東京にある仏教系の大学に進学しました。父と一緒に駅で見送る母は，「あまり無理をしちゃだめよ」と，私を送り出しました。

　しかし，1年後には，私は大きな壁の前で身動きがとれなくなっていたのです。宗教に対する感傷的な憧れは，仏教の教義と寺での修行の中で，打ち砕かれていったのです。信仰について問われたとき，私は，そこから先に一歩も進めなくなっていました。目標を失ってなすすべもなく，舵をなくした小舟のように，波間に漂っているようでした。「軽率だった」と，何度もつぶやいたものです。

　母は，そんな私に「そうすることが必要だったんでしょう」と言ってくれました。

さらにさかのぼった高校生のころ，袋小路に迷い込んで右往左往していた私に，母は，「いまは懸命に悩んで，じっと耐えるしかないんでしょう」と語りかけてくれました。母は，「あなたには『いま』が必要なんだ」と語り続けていたのです。失敗を繰り返す私を受けとめ，信じ続けてくれた母……。

　そのころの私は，どこかで母に甘えているような自分を感じ，意識すればするほど，それを振り捨てようと寺に座り続けました。しかし母に甘えている自分を振り捨てようとする一方で，心を癒す場所があるという安堵感に支えられ，自分自身を試し続けることができたのです。

　「宗教に生きる」と言いながら，母の愛を受けとめることができなかった私。内観所の屏風に仕切られた部屋の中で，そうした青春時代の幼い自分と向き合っていました。

　私は，なおも母と自分の場面を辿っていき，夜のとばりに包まれるころには，愛を素直に受け入れられず，母につらい日々を強いた若き日の自分の愚かさと，それでも私を認め，信じ，許してくれた母の愛の深さを思い，懺悔と感謝の涙にくれました。

　1週間の集中内観の後半は，こうした時間でした。

(3) 生かされている私

　集中内観が終わるころ，いままで見えなかったものが見えてきた，わかってきたという実感がありました。自分も父も母も，同僚も生徒も，あらゆる人たちがそのときの自分には違って見えてきたのです。

　私には，このままずっと内観を続けたい気持ちがありました。もっと続けると，もっといろいろなものが見えてくる，わかってくるはずだと思ったのです。一方で，いまのこの自分を伝えたいという思いがわいてきました。みんなに会っていろんなことを話したい，伝えたい，聞きたいという思いが，ふつふつとわき上がってくるのを感じました。

　自分の内面にある何かが，自分を突き動かそうとするのです。私の内側から，「そうしたい」「そうしなさい」という声がして，私を動かして

いるようでした。実感というよりも，体感といったらいいのか……。わき上がってくるみんなに会いたいという気持ち。そう感じられる喜びや幸せを，体中で感じていたのです。内観に来る前の，裏切られたような気持ち，孤立しているような気持ちは消えていました。

帰りの電車に揺られながら私は，生かされていることがうれしくて，みんなと一緒にいることがありがたいと，父母に，妻子に，同僚に，生徒たちに，一緒に電車に乗っている人たちに感謝し，穏やかな喜びに包まれていました。

4 教育としての可能性

内観を終えてしばらくは，不思議な心持ちで過ごしました。見るもの聞くものがいままでとは違い，別の次元から帰ってきたようでした。

(1) 手ごたえを感じたホームルームでの活動

そんな私の様子を見て，生徒たちも不思議そうでした。あるとき，クラスの生徒が「先生，なんか変だよ」と聞くので内観の話をすると，驚いたことに，ほとんどの生徒が一生懸命に聞いていたのです。話を進めるうち「内観の面接テープを聴きたい」と言う生徒が出てきたので，ホームルーム活動の時間を使って，『内観療法の実際』というテープや不登校になった高校生の面接時のテープを聴かせることにしました。

ホームルームの終わりに，感想文を書いてもらいました。感想が書きにくい生徒には，「内観の3つの質問を思い出して書いてもいいよ」と言いました。提出された感想文を見て，私は驚きました。多くの生徒が，きちんと内観できているのです。

「私は，今日の朝，お母さんに起こしてもらいました。6時30分から10分おきに，『A子，時間だよ。起きなさい』と声をかけてくれます。7時になって4回目でした。『A子，遅刻するよ。いい加減に起きなさい』という声が聞こえました。あんまりうるさいので，『うるさい。く

そばばあ』と大声で怒鳴りました。お母さんは，『まったく，この子は。いい加減にしなさい』とぼそっと言って，部屋を出ていきました。私は，毎日こんな調子でした。考えてみると，お母さんは朝食の準備をしながら起こしてくれていました。私が文句を言うのはまったくあべこべです。ひどいことを言ってごめんなさいとお母さんに謝りたい気持ちです。これは，お世話になっていることというよりも，迷惑をかけたことです」

　こんな感想文がいくつも提出されたのです。「内観というものがわかれば，1時間でこれだけのことができるんだ」と，私は教育の場面での内観の手ごたえを感じました。

(2) 個人の体験を越えて教育活動へ

　次の日の朝，その生徒が，「昨日，帰ってからお母さんに謝ったよ。『これから朝ちゃんと起きる。もう，くそばばあなんて言わないからね』って言って，すぐ部屋に入ったけどね」と言うのです。

　クラスの生徒に，「昨日のホームルーム活動でやったことを，家に帰って話をした人」と聞くと，半分近くの生徒が手をあげました。「謝ったり，ありがとうと言ったりしましたか」と聞くと，4分の1ほどの生徒が，それらしきことを親に伝えたというのです。

　ホームルーム活動で，私自身の集中内観の体験を語り，内観の面接時のテープを聴き，3つの問いについての作文や感想文を書いてもらったわけです。それが，その時間を超えて，生徒の行動に影響を与えている。日ごろできないことを実行しているという報告を聞いて，私は教育の場面での内観の可能性を実感しました。

　初任のころの生徒とのかかわりの中で私が感じていたもどかしさ，「わかっているのに，どうしてできないんだ」という歯がゆさが，ふっと思い出されました。そして，「これかもしれない」と思ったのです。

　内観のような体験を重ねていけば，自分の心の奥底まで思いが届き，その思いに突き動かされて，生徒の行動が変わっていくかもしれない。自分が探していたものが，この内観にあるのだろうと思ったときでした。

集中内観の体験は、私個人の体験を越えて、学校の教育活動としての広がりをもちはじめたようでした。

5 学校教育に内観を

内観を学校教育に生かそうというのが、私の課題となりました。

あのホームルーム活動のときは、自分も集中内観を終えてまもなくだったので、生徒もそれを感じて行動に移せたのかもしれない。学校で行う内観を使った活動は、そうした特別な活動ではなく、どんな教師にも行うことのできる通常の教育活動でなければならない。そのように内観が位置づけられるにはどうすればいいか、というのが私のテーマになりました。そこで、内観について、私なりに整理してみました。

(1) 内観は、生きる力を身につけるための心の教育

私自身は、吉本伊信先生の言葉を、書物や録音テープなどで知りました。安田シマ先生からも、吉本先生のお話をよく聞くことができました。興味をもったのは、内観と宗教の関係を質問したときのことです。安田先生がおっしゃいました。

「吉本先生が『学校の先生になりたかった』とおっしゃるんですね。『先生になって、仏様の教えを子どもたちに伝えたい』と」。また、別のときにはこんなお話も聞きました。「吉本先生は『内観が広まれば仏様の教えのわかる人が増えるんです』とおっしゃっていましたね」。

吉本先生は宗教家でもいらっしゃるので、プライベートなときには、こうした表現を使われたのでしょう。

私は、『内観の話』(吉本伊信著、内観研修所) から、吉本先生のお考えを、次のように理解しました。

内観の目的は、「人間としてこの世に生まれてきた目的」と一緒です。その目的とは、「どんな逆境に置かれても、感謝報恩の気持ちで暮らせる、そういう心のすみかに大逆転すること」なのです。そのために、「教

育を受ける」のです。それには，「内観するとドンピシャリ」なのです。

　吉本先生は，「内観は，感謝報恩の気持ちで暮らすための教育」であるとおっしゃっていると，私は理解しました。

　現在，内観が，病院などで「内観療法」として使われるときには「精神（心理）療法」となるでしょうし，心を見つめる研修所のようなところでは「精神修養法」となるのでしょう。そうならば，私たち教員が学校で内観を使うときには，「教育活動」として使わなければなりません。

　そこで，「感謝報恩の気持ちで暮らすための教育」と考えると，内観は「生きる力」を身につけるための「心の教育」として，学校の教育活動の中で十分に機能すると考えられます。

　しかし，1週間の集中内観を生徒に要求することは，物理的にも精神的にも無理があるでしょう。また，教員の勤務などを考えると，実施はむずかしいものがあります。残った課題は，学校の中ではどのような形で内観を行うことがよいのか，具体的な展開方法についてでした。

(2) 構成的グループエンカウンターのエクササイズとして

　具体的な展開方法について学習する機会は，すぐに訪れました。

　私は平成6年に，当時，筑波大学の大学院にいた國分康孝教授のもとに内地留学することになりました。

　本書の監修者でもある國分教授はアメリカでカウンセリング心理学を修めた方ですが，内観法や森田理論など，日本で開発されたカウンセリングにも造詣が深く，好意的でした。さらに，國分教授は，『エンカウンター』（國分康孝著，誠信書房，昭和56年発行）の中で，内観のエクササイズについて述べていました。

　私は，國分教授の内観のエクササイズを見せてもらったり，体験させてもらったりしました。また，その年から4年間ほど，構成的グループエンカウンター（國分康孝，國分久子主宰）のリーダー養成のための合宿に参加し，毎年，内観のエクササイズのリーダーを担当させてもらいました。

私が担当したのは，國分康孝教授が『エンカウンター』（誠信書房）で述べている内観の基本的なエクササイズでした。

毎年，試行錯誤を重ね，50分程度の基本的な展開方法が明確になっていきました。それは，45分から50分を活動単位としている学校の教育場面でも，十分に機能する展開となりました。

合宿はリーダー研修会ですので，ディスカッションの場面ではさまざまなアイデアや実践報告がなされます。その中で，本書で取り上げる，いくつかの「内観のエクササイズ」の形式がまとまってきました。

特に，山口大学の林伸一教授が開発された「反復質問法を使ったインタビュー形式（内観インタビュー　146ページ参照）」は特筆すべきものです。内観インタビューの開発によって，内観のエクササイズはさまざまな場面で利用できるようになり，活用の範囲は格段に広がったのです。

さて，この4年間の合宿と，その間の学校での実践を通して，私が課題としていた「理解から実感・体感へ，そして行動へ」と生徒を導いていく一つの手だてが，確かな形となってまとめられていきました。

本書は，こうした仲間たちのアイデアや実践によってまとめられたものを紹介しているのです。

❻ サイコエジュケーションとしての内観のエクササイズ

序章の最後に，本書の内容について説明します。

さきにお話ししましたように，本書は「理解から実感・体感へ，そして行動へ」と子どもたちを導いていこうとした私の疑問に対する一つの答えです。その手だてとしての内観のエクササイズをまとめています。

結果として，子どもたちに「生きる力」を身につけさせていくための，「心の教育」の具体的なメニューを提示することになっています。

國分康孝教授，國分久子教授は，心の教育に相当する概念として，「サイコエジュケーション」という考えを提唱し，これを，「思考・行動・感情の教育を通して，子どもたちの発達課題の達成や解決を促すこ

とを目的にした教育カウンセリングの方法の一つ」と位置づけています。

　國分康孝教授・國分久子教授は内観のエクササイズを，「おもに思考にアプローチして，行動・感情に変化を与えるサイコエジュケーションのメニュー」として考えています。

　本書の内観のエクササイズは，こうしたサイコエジュケーションの思考領域の教育活動として整理されているものが中心です。

　基本的には，道徳や特別活動，教科の授業などの1時間の授業での展開を記述しています。少し時間のとれる合宿などの学校行事の例も載せています。こうしたものは，クラスや学年の単位で，子どもたち全体の意識を高めようとする実践になっています。

　また，個人単位の実践も載せています。不登校や問題行動を起こした子どもの個別の面接指導の中に内観を組み込んだ実践，保健室での個別指導に内観を使った実践（例：身体内観）などです。

　これらの中には厳密に言うと，構成的グループエンカウンター（SGE）でいう「エクササイズ」とは言いにくいものがありますが，学校の指導場面では実際にこうした使用がなされていますので，掲載することにしました。そういう意味では，本書では，「内観をテーマとしたSGEのエクササイズ」を含めて，学校教育の中で内観をどのように活用していくかを提案していると言ったほうが適切かもしれません。

　吉本伊信先生によって開発されたものが「内観」とすると，本書は，内観そのものではなく，「学校における内観をベースとした活動」（本書では便宜的に，これを「内観のエクササイズ」あるいは「内観エクササイズ」と表現しています）についてまとめた書物です。吉本伊信先生が開発された「内観」を学校教育の中に組み込むと，どのような形になるかを模索した書として読んでいただければ幸いです。

〔飯野　哲朗〕

第1章
「内観」とはどんな活動か

この章からは，具体的な話をしていきたいと思います。
　吉本伊信先生が提唱した「内観」を学校の教育活動にどうしたらうまく生かしていくことができるのか，という話です。つまり，内観の考え方や方法を活用していくと，学校の教育活動のこんなところがこんなふうに変わっていく，という提案をしたいのです。
　そこでまず考えておきたいのは，教師がどれくらい内観のことを知っていたらいいか，ということについてです。
　内観を活用するのですから，教師は自己分析や自己陶冶を目的とする「内観法」を体験しておくことが望ましいわけです。しかし，本格的な内観法の体験が必要であるかというと，必ずしもそういうわけではないようです。
　この本でお話をしていくのは，吉本伊信先生の内観法をそのまま学校で使っていこうというのではありません。学校の教育活動に内観の考え方や方法を利用，活用，応用していこうという提案です。
　それによって，いままでの学校教育の，ある部分の意味づけが明確になるでしょうし，ある部分を補うことができるようになるでしょう。その結果として，見通しのある教育活動が展開できるようになる，と私は考えています。
　内観の考え方や理論，方法については，学校の実践を支えるために必要なレベルの理解が教師にあれば，その理解に応じた実践が可能になると思います。

1 「集中内観」とは何か

　そうはいっても，内観についてまったく知らないというのでは，内観を利用したり活用したり応用したりすることはできません。
　まず，内観とはどんなことを行うのか，その具体的な活動についてお話しします。
　内観の話をしようとすると，「集中内観の経験がありますか？」と聞

かれることがあります。一般に，内観というと，この「集中内観」のことが話題にされることが多いのです。

序章でも集中内観についてふれておきましたが，ここではもう少し具体的にお話ししましょう。

(1) 集中内観はこんな環境で行われる

集中内観とは一般に，全国に何か所かある内観研修所で，1週間を基本的な単位として，泊まりこみで行われる内観のことです。

現在は，冷暖房完備のホテルで行われることもあるようです。もともとは，民家の一室を使って部屋の隅の半畳を屏風で囲い，その中に座って行うというものです。座禅ではありませんので，座り方はあぐらでも何でもかまいません。

食事は指導者が屏風のところまで運んできてくださるので，屏風から出るのは，朝晩の洗面，トイレ，お風呂に入るとき，あとは布団で寝るときだけとなります。外界から遮断された環境で，内観を行うために集中力を高めていくのです。

とにかく，1週間，半畳の屏風の中で過ごすので，内観を行おうというやる気がないと続きません。「ちょっと行ってくる」というぐあいにはいかないのです。

(2) 集中内観では何を行うのか

集中内観では，半畳の屏風の中にこもって，自分が過去にかかわった人を巡って自分がどんなかかわり方をしてきたか，時期を区切って具体的に思い出していきます。

思い出すことを内観では「調べる」といいます。検事が事件の事実を調べるように，正確に思い出していくという意味です。

調べていく内容は3点です。

その人に対して自分が「お世話になったこと」「お返しをしたこと」（して返したこと）「迷惑をかけたこと」についてです。

❶ 内観の実際

例えば,「小学校に入学するまでの母親に対する自分」について思い出していきます。思い出すことを進めて1時間から2時間ほどたつと,指導者が屏風のところへやってきます。

「失礼します」という声がして,屏風が開けられます。「この時間は,いつのころのだれに対する自分について調べていただけましたでしょうか」と聞かれます。

内観をしている人(内観者)が,「この時間は,幼稚園のころの母に対する自分について調べていました」とこたえます。「どんなことを調べてくださったのでしょうか」と指導者が問うと,例えば,次のように内観者がこたえます。

「お世話になったことは,幼稚園のお弁当を毎日作ってもらったことです。お昼にお弁当をあけると,りんごがうさぎの格好をしていました。にんじんがハートの形をしていました。ご飯が象のような形に盛りつけられていて,お弁当が楽しみでした。いつも気をつかってくれました。ありがたいことでした。

迷惑をかけたことでは,まず,よく熱を出したことです。

ある日の朝,起きようとすると,家がくらっとゆがんで見えるのです。『お母さん,お母さん』と叫ぶと,母は私の声を聞きつけてやってきました。おでこをさわって『ひどい熱』と言うと,私をもう一度寝かせて氷枕で頭を冷やしてくれました。母は,その日は一日中,私のそばにいてくれました。目を開けるといつも母の顔がありました。私はとても安心して,母の手を握りしめて寝ました。

私は甘えん坊でした。毎日,幼稚園に行くときには泣いてだだをこね,『いやだ,行かない』と言って母のスカートにしがみついていました。玄関から出てもそんな調子で,スクールバスに乗るときも,『いやだ,いやだ』と言ってドアにしがみついて泣いていました。母は毎日のように,幼稚園の先生に,『すみません,よろしくお願いします』と頭を下げていました。バスが動き出すと,母は私に手を振っていました。涙に

ぼやけて見える母の顔が，いつも不安そうでした。

大人になってから，そのことを母に聞きました。母は私が帰ってくるまで心配で，気が気でなかったそうです。朝に私があんまり泣くので，幼稚園までそっと様子を見に行ったこともあったそうです。

申し訳ないやら，ありがたいやら，迷惑のかけどおしでした。

お返ししたことは，お使いをしたことです。

家にお客さんが来たときのことです。母がもてなしの料理を作っている途中で，しょうゆが切れてしまったことがあります。私は『行ってくる』と言って，お金を握り，しょうゆを買うために走り出しました。お使いから戻ると，台所にいた母が『ありがとう，助かったよ』と頬ずりをしてくれました。私は母の手助けができて，とてもうれしかったし，得意げでした。

でも，お返しをしたといえそうなのはそのことぐらいで，ほかにはなかなか見つかりません」

このように，3つの項目について，調べたことのエッセンスを，報告します。

❷　指導者の面接

指導者は，内観者の話をうなずきながら聞いています。聞きながら，きちんと内観ができているかを確認しているのです。

内観がきちんとできていなければ，過去の事実を5W1Hの要領で思い出すように，内観の調べ方についてアドバイスをします。

そして，「次の時間は，いつのころのだれに対する自分について調べていただけますでしょうか」と確認します。内観者は，「次の時間は，小学校の低学年のころの母に対する自分について調べさせていただきます」とこたえます。「よろしくお願いいたします。ありがとうございました」と言って，屏風が閉じられます。

内観者は次の面接まで，1時間から2時間程度，その項目に従って調べを続けるのです。

(3) 内観の仕方を学ぶ

内観はこのように進められていきます。

内観が初めての人は，小学生のころの母に対する自分について調べることから始めます。次は中学校のころ，その次は高校のころ，就職してから数年などと時期を区切って，現在までを調べることが一般的です。

❶ まず母親から始めるのが基本

母親は，だれよりもいちばんお世話になっている人です。そろばんでは，初歩の段階で一桁の足し算を行いますが，内観ではそれにあたるのが，母親に対する内観だというのです。

母親に対する自分について調べることが終われば，父親，兄弟姉妹，おじ・おば，知人，友人，職場の上司や同僚に対する自分といったぐあいに，対象を変えて調べていきます。

内観を始めて4，5日たってから，もう一度母親のことを調べるときには，小学校に入学するまでの，幼稚園（保育園）のころまでのことをも調べていきます。また，幼くして母親と別れた人は，特にお世話になった人に対する自分について調べていきます。

こうした形が1週間継続されるのです。

❷ 内観の仕方を身につける工夫

そんなことがだれにでもできるのだろうか，と思われるかもしれません。しかし，集中内観には，いくつかの工夫がなされています。

半畳の屏風の中に座るというスタイルは，集中力を高め，自分自身と向き合うための工夫です。

内観の仕方を身につけるための工夫もあります。

1時間か2時間ごとに行われる面接指導以外に，内観を行った他の人の面接時のテープが食事のときなどに流されます。また，内観者個々の事情を考慮して，その人の参考になるような面接時のテープを選んで，個人的に聞いてもらうこともあります。

内観を始めた人は，指導者の助言を受け，内観のテープをモデル（モ

デリング）とするなどして，内観の仕方を学び，自分自身と対峙していくのです。

2 「内観」で得られるもの

　これまでみてきたように，内観では，ある人に対して過去の自分がどのような人であったかを思い出していきます。それは過去を確認することです。そして，人生をもう一度生き直すことと言ってもよいようです。

(1) 思い込みに気づき，感情を修正する

　「事実」を思い出すことによって，忘れていた思いを再確認するようになってきます。そのときどきの光景とともに，自分の行ったこと，思っていたこと，感じていたことが呼び覚まされてきます。
　あのとき，「やっとできたね。がんばったね」などと，あの人と一緒に感じた喜び，うれしかったこと，うきうきした気持ちを確認していきます。
　また，「なんだ，おまえにはそんなこと頼んでないぞ」などと言われ，しっくりいかなかったときの鬱屈した気持ち，「いい加減にしてください。どうして私にこんなことするの。ひどいじゃないですか」など，ときには怒りや憎しみさえも確認していくのです。
　自分の歩いてきた時間を一つ一つたどっていくのです。
　いくつかの出来事を思い出していくと，「おかしいな。私がここにいたんだから，あの人はあそこにいるはずなのに。彼はそこにはいなかったんだ」などと，どうしてもつじつまが合わなくなってくることがあります。
　このとき，自分の勘違いや，感情に任せた思い込みに気づかされるのです。
　これまでの考えや感情が，事実から導き出されたものではなかったことに気づかされます。過去の出来事のとらえ方や，そこから生じていた

思いや感情を修正せざるをえない場面に直面します。

(2) 自分のいままでの人生が見えてくる

内観の思考過程は，指導者の支援に支えられているとはいえ，屏風の中の孤独な作業として行われます。

そこでは，楽しい思い出や成功の記憶のような自分自身のよい部分，美しい部分ばかりを思い出すわけではありません。うそをついたり，隠したり，ごまかしたりしている自分自身の弱さやふがいなさ，愚かさ，不誠実さなど，自らの醜い部分に向き合うことにもなります。

例えば，遠足で遊園地に行ったときのこと。

その乗り物に早く乗りたいばかりに，順番をごまかして友達よりさきに乗ってしまった。結局，友達は，しばらく待たなければならなくなってしまった，というようなことはなかったでしょうか。

いつわりのない「あるがままの自分」に向き合う時間を通過することによって，自分自身のこれまでの人生の意味がみえてくるのです。

(3) つながりの中で生かされている自分に気づく

結局，自分は不完全で，誤りも多く，不十分な存在であることがわかってきます。そして，多くの間違いをおかし，迷惑をかけてきた自分が，それでも支えられている，生かされていることに気づきます。周囲の人たちの，自分へのいたわりが身にしみてきます。

だんだんに，自分の周りの人たちの思いや行為を素直に受けとめられるようになります。そして，他の人たちとのつながりを取り戻すことができるようになるのです。

劣等感や挫折感から解放され，自分も人も許されている，いとおしい存在であることが理解されてきます。

内観で得られるものは，つながりの中で生かされている自分に気づいていくことであるといってもよいでしょう。

③ 「集中内観」から「日常内観」へ

　集中内観は，浄土真宗の一派に伝えられた「身調べ」から発展してきました。宗教的な要素を排除して一般の人に受け入れられやすくし，自己陶冶，自己分析，自己点検，精神修養の方法などとして確立されてきたものです。
　そうはいっても，1週間，屏風の中で自分自身を見つめていくのはつらいことです。よほどのやる気がなければむずかしいことでしょう。
　集中内観は短い時間で高い効果が得られると言われるいっぽうで，人によっては10日か20日，1か月もすると，以前の精神状態に戻っていく（つまり，元の木阿弥になる）傾向にあるとも言われています。

(1) 毎日，地道に行う「日常内観」

　集中内観のこうした難点を補おうとするものに，「日常内観」があります。集中内観の後，1日のうちの2時間程度を使って，毎日，内観を継続していくというものです。
　一般には劇的な体験である集中内観が話題になることが多いのですが，本来は毎日行われる日常的な地道な日常内観が大切なのです。
　「こんにちは」と声をかけてくださるご近所の方に，「心が穏やかになってありがたいことです」と感謝します。毎朝届けてくださる牛乳配達の学生さんに「毎日，ご苦労さまです」と感謝の思いで牛乳を飲ませていただきます。あたりまえだと思っている日常のさまざまなことの中に，お世話になっていることはたくさんあります。
　いっぽうで，迷惑をかけていることもたくさんあります。
　急ぐあまり，人ごみをかき分けて駅の階段を駆け上がり，電車に飛び乗ってほっと一息。閉まったドアの外を見ると，さきほどぶつかった人がいる。ぶつかったときには，「ごめんなさい」と声をかけたものの，その人が汗をふきながら次の電車を待っている。
　そんなとき，「申し訳ありません。さきに行かせていただきます」と

声は届きませんが，頭を下げることはできるでしょう。

(2)「内観的生活」を送る

　日常の生活の中には，お世話になった人や迷惑をかけた人に，直接お返しができないことがあります。でも，通勤・通学の行き帰りに気がついたゴミを，近くのゴミ箱に捨てることはできます。電車の出口に移動できないでいる人を見たら通路をあけることはできます。こうすることが，自分にできるお返しなのかもしれません。

　ここに例示した話は，内観の記録にまとめられたものや内観に親しんでいる人から聞いたものです。特別な場や時間を設定しなくても，日常生活の一つ一つの立ち居振る舞いの中に，内観が息づくような，「内観的な生活」を送っていくことが大切なのでしょう。

　「集中内観」で内観を理解し，「日常内観」で内観的な生活態度を身につけていくことが，本来の内観の姿なのかもしれません。

　この章では，吉本伊信先生の開発された「内観法」（集中内観）がどのようなものかを簡単に説明しました。この内観法を，学校教育の場面で活用していこうと提案していくのが本書の意図です。

　本書では，学校のさまざまな場面で行われる「内観をベースとした（教育）活動」を「内観のエクササイズ」と呼ぶことにします。

　内観のエクササイズには，1時間程度の展開のしっかりしたものから，数分の展開のもの，ほかの教育活動の中に組み込まれるようにして補助的に活用されているものなど，さまざまなものが含まれます。

　ですから，吉本先生が開発された集中内観とは展開方法や配慮事項，ときにはその活動の直接の目的などが違ってくることもあります。

　次の章からは，内観の場面やテーマを学校に移して，学校における内観の可能性を考えていきたいと思います。

〔飯野　哲朗〕

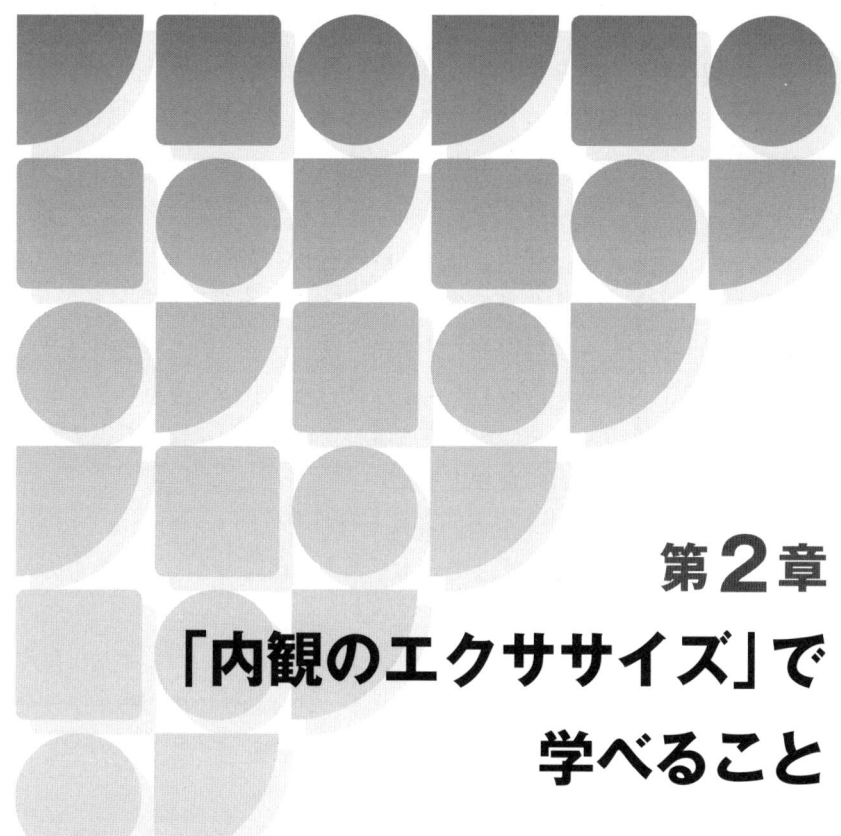

第2章
「内観のエクササイズ」で学べること

「内観によって何が学べるのですか？」と聞かれたら，私（飯野）は自分の内観体験から「一つのものの見方や考え方を学んで，ある種の人間観や人生観・世界観を身につけることができます。その結果として，自分と人のことがわかってきます。そして，どう生きていったらよいのかがみえてきます」とこたえたいと思っています。

　本書のテーマである，学校で行う「内観のエクササイズ」も内観の一形態ですから，めざすものは，本来の内観と同じものであるはずです。ただ，学校で行われる内観のエクササイズは，吉本伊信先生の開発された1週間行われる「集中内観」のミニ活動（簡便形）であったり，部分的な活動であったり，いくつかある内観の要素の一つに絞って実施する活動であったりすることになります。

　1回の内観のエクササイズの内容はそれほど深いものではなくても，何度も積み重ねて実施することで，本来の内観に近づこうとするものがあります。

　あるいは，1回の内観のエクササイズでは，内観の一つの要素に焦点を当てていて，部分的な活動となりますが，何種類かの内観のエクササイズを組み合わせていくことで，内観の全体像に近づくことをめざしているものもあります。

　ですから，教師はいつも内観を全体的に考えるのではなく，ときには内観を部分に分けて分析するようにみていくことも必要になってきます。そこで，本章では，内観をいくつかの要素に分けて，学んでほしいことを説明したいと思います。

　まず，学校で行う内観のエクササイズで身につけたい「内観を支えるものの見方・考え方」（思考方法またはフレイム）についてお話しします。次に，それによって獲得される謙虚さや思いやり，やさしさのベースとなる「内観的な人間観」と「内観的な人生観・世界観」についてお話しします。

　学校で内観のエクササイズを指導する先生方には，これらの内容については理解しておいていただきたいと思います。

① 内観を支えるものの見方・考え方

　まずは,「内観を支えるものの見方・考え方」についてです。
　内観には,初めからものごとの全体を抽象的に考えるのではなく,具体的・現実的にポイントを絞って,いろいろな関係に焦点を当てて考えていく雰囲気・姿勢があります。
　ここで,内観を支えるものの見方・考え方として取り上げたいのは,
　① 　事実から考える姿勢
　② 　ポイントを絞って考える姿勢
　③ 　現実的に考える姿勢
　④ 　関係から考える姿勢
の4点です。
　この4点を意識せずに,道徳の授業などで内観のエクササイズが行われていることがあります。反省・感謝をしなさいと,表面的な結論を急いでいるかのような実践になっています。子どもたちの内面の体験を無視して,結論のみを要求しているのです。これではお説教と変わりません。形だけの内観のエクササイズになっているのです。
　ここに示した4点のものの見方・考え方を意識しておけば,反省・感謝だけを求める,押しつけがましい活動にはならないはずです。
　では,教師が意識しておきたい「内観を支える4つのものの見方・考え方」とはどんなものなのか,一つずつお話ししていきます。

(1) 事実から考える姿勢

　1つめは,「事実から考える姿勢」についてです。
　私たちがものごとを考えるときには,一般に,自分の中にものごとを判断する基準があります。そのときの自分の対応がよかったとか悪かったとか,愉快だったとか不愉快だったとか,結論や結果を議論していくことが多いわけです。

ところが，内観では，よい・悪いといった判断することをやめます。考える（実際には「思い出す」）のは，事実だけです。
　そのとき自分がその人に対して言ったことや行ったことを，一つ一つ，具体的に，言葉のまま，行動したままを思い出していきます。
　例えば，「私はA君にひどいことを言ってしまった」という思い出し方ではなく，「私は新学期が始まった日の朝に，A君に『まだ宿題やってないんだって？　おまえは相変わらずぐずだな』と，座っているA君の頭の上から，○○の漫画に登場する皮肉屋の△△のような口調で言いました」というふうに思い出すのです。
　最初から「ひどい」という，ある価値観に従った判断によって自分の行為をくくらずに，ひたすら事実を思い出します。それを積み重ねていくと，ひどいという一般的な表現ではまとめることができないものがある，と感じられてきます。そして，「人間として許されない言葉を浴びせた」「A君をただからかうというだけでなく，A君の人格を無視したようなことを言ってしまった」というように，だれでもない自分の実感のままが，言葉となって表現されてきます。
　事実を思い出すという姿勢は，頭でものごとを考えるというよりも，実感のある，ときには体感のある洞察を導き出すことになるのです。

(2) ポイントを絞って考える姿勢

　2つめは「ポイントを絞って考える姿勢」についてです。
　内観で事実を思い出すときには，ある人に対して自分が「お世話になったこと」「お返しをしたこと」「迷惑をかけたこと」の3つの項目に限定して，ポイントを絞って思い出します。いろいろなことをさまざまに思い出していくよりも，かえって内観のテーマにすばやく近づくことができるのです。
　また，事実を思い出すときに，母との関係，父との関係，おじとの関係といったように，特定の人と自分との関係に限定して思い出します。それも，一度にすべてを思い出すのではありません。まず小学校に入学

するまでのころ，その次には小学生のころ，次に中学生のころ，高校生のころなどと，思い出す時期を限定します。これによって集中力が増して，いろいろなことが細かな部分まで思い出されてくるのです。

内観に親しんでくると，何かのトラブルに見舞われたときに，どうしようかと漠然と考えることをしなくなるようです。

例えば，このトラブルを解消するために考えなければならないことは何か。実施する時期のことか，移動の手段のことか，金銭的なことか，一緒に行うBさんのことかなどと，考えなければならない点（ポイント）をいくつか絞り込んだうえで考えていく，という姿勢が生まれてきます。

問題解決のために，何から考えたらいいのか，どういうことを考えたらいいのかといったように，具体的な切り口を探すようになるのです。

(3) 現実的に考える姿勢

その次には「現実的に考える姿勢」についてです。

内観には，3つの問い（お世話になったこと，お返しをしたこと，迷惑をかけたこと）以外に，「養育費の計算」「お酒（タバコ，賭けごと，ゲームなど）に費やした費用の計算」といった問いがあります。

❶ 養育費の計算

「養育費の計算」とは，大学を卒業した人であれば，生まれてから大学を卒業して社会人になるまでに，親が自分の養育のためにどれだけのお金を使っているのかを計算してみるというものです（79ページ参照）。

自分の出産費用，現在までの光熱費，食費，衣料費，授業料などの学費，仕送りの金額，旅行やレジャーに使ったお金など，おおよそ自分がいままで生きるために使ったお金の総額をはじき出してみるのです。

一般に東京に下宿して大学に通うと，4年間で800万から1000万円が必要であるといわれています。親が，よくそれだけのお金を自分に使ったものだと，あらためて驚く人がいます。

親の愛情を「愛」として漠然と考えるのではなく，愛の結果として使われた「お金」という具体的なものを通して考えるのです。単にお金の

額を問うだけでなく，家庭の生活費に占める割合なども考えてみます。

　節約しながら，それだけのお金を使ってくれた親の思いが，現実的な感覚として迫ってきて，感謝の気持ちがわいてきます。お金や食べ物は愛情の表れだといわれますが，人を愛することが心情の問題だけではないことにも気づかされます。

❷　お酒に費やした費用の計算

　お酒が過ぎて家族を困らせていた人に，いままでにいくらのお金をお酒に使ってきたかを計算してもらうことがあります。

　年齢にもよりますが，数百万円，あるいは1千万円を超す金額をはじき出して，「たくさん飲んでいた」「たくさんお金を使ってきた」という言葉では言い表せない状況に，驚く人も多いようです。

　家族の生活費の総額からお酒に費やした金額を考えるとき，自分の行為の意味が，具体的・現実的な感覚として理解されてきます。「家族を困らせた」という抽象的な表現では意識できなかった重大さに，はじき出した金額が直面させてくれるのです。

　内観には，ものごとを漠然と考えることをせずに，具体的に調べていくところから出発するという特徴があります。

　ある問題についてそれに費やした金額を調べるということは，その問題を，具体的な現実生活レベルの問題としてとらえていくということです。人が実感できるところから，出発していくのです。

　こうしたところに，内観の現実的に考える姿勢があるのです。

(4) 関係から考える姿勢

　最後は，「ものごとをそれぞれの関係から考えるという姿勢」です。

　実際の内観では，自分自身のあり方・生き方がテーマとなりますので，関係性といっても他の人と自分との関係に限定されます。

　ただ，自分を考えるときに，自分を独立させて考えるのではなく，他の人との「関係のあり方」を考えることによって，自分自身を見つめて

いこうという姿勢は，内観の特徴です。
　この点については，次の項目，「2　内観的な人間観　（3）人はかかわりの中で生きている」の部分でお話しします。

　「内観を支えるものの見方・考え方」では，（1）事実から考える姿勢，（2）ポイントを絞って考える姿勢，（3）現実的に考える姿勢,（4）関係から考える姿勢，の4つのものの見方・考え方についてお話ししました。
　内観では，実際には，この4つのものの見方・考え方が併行して行われているので，一つ一つの内容をそれと意識することは少ないかもしれません。学校で行う内観のエクササイズでは，状況によって，この中の一つを意識して場面を構成していくこともあるわけです。教師には，「何を目的として，その時間，場面を構成するのか」を明確にしておくことが求められます。

2　内観的な人間観

　さて次は，「内観的な人間観」について考えていきます。
　内観の人間観というと少し大げさですが，内観では人間をどのような存在であると考えているのか，ということについてです。
　現代的な議論では，人間は一個の独立した存在であって，人間の能力の高さや力強さが話題になることがありますが，内観は少し違います。
　内観では，人間を肯定的にみていますが，人は感情や欲望に左右されやすい，不完全で弱いもの，ととらえています。そして，かかわりの中で生きているもの，かかわりを通して自分がみえてくるもの，ととらえているようです。
　また，内観では，過去の記憶を思い出していきますが，思い出した記憶によって，穏やかになったり，人を信じる力がわいてきたりして，自分が救われていくような体験をもつことがあります。
　人はいつもは気づいていないようですが，内面にほんとうのもの（真

実) を抱えていて，実はそれを引き出す力ももっている，というとらえ方をしています。

ここで，内観的な人間観として取り上げたいのは，
① 人は不完全なものである
② 人はほんとうのことを内に秘めている
③ 人はかかわりの中で生きている

の3点です。ここでも，一つずつ考えていこうと思います。

(1) 人は不完全なものである

1つめは，「人は不完全なものである」ということです。

ここでいう不完全とは，人がいつも立派に生きていけるわけではないということです。ときにはインチキをしたり，うそをついたり，何かを奪ったりしながら生きていかざるをえない，弱い存在であるということです。こうした人間観が象徴的に現れているのが，内観の「うそと盗み」という問いです（82ページ参照）。

内観が進んでいくと，「あなたのこれまでの『うそや盗み』について思い出してください」という課題が出されます。

いままでに自分が言った，あるいは行った「うそ」，自分が犯した「盗み」を一つずつ具体的に思い出していくのです。

「あなたのついたうそや犯した盗みについて考えてください」と言っても，「そんなことはありません」とか，「うそはついたことはあるかもしれませんが，盗みはありません」と多くの人がこたえるでしょう。私たちのもっている一般常識・道徳や法律の理解からは，あらためて聞かれてこたえられるような「うそ」や「盗み」はないのかもしれません。内観では，少し違った観点から「うそと盗み」を思い出していくのです。

❶ 「うそ」について

こんなことはないでしょうか。例えば，「ある日，Aさんに『市役所に一緒に行ってくれないかな。ちょっと不安なんだ』と頼まれたときに，その日はなんだかおっくうで，『用事があって行けないんだ。Bさんに

頼んでみてくれないかな』と言って断った」というようなことです。

どうでしょう。これに似たことは，私たちの日常にはいくつかあるのではないでしょうか。

ほかにも，こんな経験はありませんか。Cさんと自分のどちらかが，今度の行事の責任者になると聞いた。みんなと雑談しているときに，Cさんに負けたくないという思いから，Cさんのミスをオーバーに言って，自分の能力の高さをアピールしたことがあった，というようなことです。

自分の都合や優れている点をアピールしたいために，まったくのうそではないにしても，事実を拡大したり，ある部分をカットしたり歪曲したりして，さまざまなうそをついたことはないでしょうか。

◆「うそ」はだれもが避けられないこと

ずるさや醜さと言ってしまえば言葉はよくありませんが，これは意欲や向上心のなせるわざです。自分かわいさに，つい事実をねじ曲げてしまうようなことは，私たちにはありがちなことではないでしょうか。

それは人である以上，だれもが避けることはできないことです。そして，だれもが「まずかったな」と振り返っていることであって，法律や道徳的な立場から，簡単に責められるものではないのです。

❷ 「盗み」について

では，少しきつい言葉ですが，「盗み」についてはどうでしょう。子どものころの自分を振り返ってください。「友達のおもちゃが欲しくて，こっそり持ってきてしまった」「小遣いが欲しくて，母親の財布から小銭を取ってしまった」など，いくつか思い出されるでしょう。

◆どんな人にもそれなりの「盗み」はある

これが大人になってからというと，良識も働いて，なかなか思いあたるものがありません。しかし，どうでしょう。

「職場のボールペンや付箋紙を家で私用に使った。そのうちに，妻も子どもも必要というので，職場から持ってきて使わせていた」

「自動販売機でジュースを買おうとしたら，つり銭受けに500円玉と100円玉が数個，取り忘れのお金が残っていた。一瞬，どうしようかと

迷ったが，そのまま財布にいれた。角を曲がったところで，急ぎ足で自動販売機のほうに行く人にすれ違った。もしやと思ったが，もう言えなかった。忘れたほうが悪いと自分に言い聞かせて，小走りに立ち去った」

　こういったたぐいの経験はないでしょうか。

　自動販売機だけでなく，お店でつり銭を多くもらって黙って立ち去ったという経験は，よく聞くことがあります。

　こう考えると，どんな人も，それなりの「盗み」はあるといってよいのでしょう。そして，これが私たちの姿なのです。

◆不完全さを受けとめ，互いに許し合う

　さて，この「うそと盗み」については，法律や道徳上の問題とは別の視点から，どんな人でも自分には何らかの「うそや盗み」があることがわかってきます。人間として生まれた以上，生きていくうえでは，程度の差はあれ，結果として，どんな人もそれなりの「うそ」をつき，「盗み」をはたらきながら毎日を送っていかざるをえないのかもしれません。

　内観をとおして，自分も人も，人間とは不完全な存在なんだなと感じられてきます。それはどうしようもないことであって，互いが不完全な人間であることを受けとめることが必要なんだ，と思えるようになってきます。そして，人としての不完全さを受けとめられたとき，互いに許されている存在であることに気づくのです。

　「以前，自分が優位に立つためにDさんをひどく責めました。こんなずるいことをしている私は実に情けない人間です。それでも，こうして毎日生活させていただいています。私もみんなに許されているんですね。ありがたいことです」

　このように，不完全な人として生きていく自分を実感し，それを受けとめ，許されている自分を感じ取りながら生活していく姿勢を身につけていくことも，内観の大きなテーマなのです。

(2) 人はほんとうのことを内に秘めている

　「内観的な人間観」として2つめにあげるのは，「人はほんとうのこと

を内に秘めている」ということです。

内観には3つの問い（「お世話になったこと」「お返しをしたこと」「迷惑をかけたこと」）がありますが，特定の人に対する自分がどんな人であったかについて思い出していくというものです。

❶ 相手とのほんとうの関係がわかってくる

例えば，現在，「Eさんはいつも私に冷たかった」と思っているとしましょう。過去の記憶をたどっていくと，いろんなことが思い出されてきます。年度初めのころのこと，みんなで作業をやるので道具を取りに行くと，「なんだ，おまえ，道具はいらないんじゃなかったのか。取りに来るのが遅いから，もうないぞ」と突っけんどんに言われたことを思い出します。Eさんは冷たいな，と思ったときでした。

さらに思い出していくと，あるときのことが頭に浮かびました。会合で部屋がいっぱいになってしまい，それでも次々に人が入ってきて，押されて行きどころがなく，どうしようかと思っていると，前の人がふっと場所をあけてくれて助かったことがありました。その人の顔を見ると，それがEさんだったのです。「そうだ。あれ，Eさんだった」と眠っていた記憶に驚くことがあります。

自分の中に眠っていた記憶を呼び覚ますことによって，自分の思い込みが明らかになってきて，Eさんと自分とのほんとうの関係がわかってくるのです。

つまり，Eさんはいつも冷たかったわけではないのです。冷たいと感じられたときもあったけれど，ときにはやさしくもあったのです。

❷ 認識が変わり，自分自身が変わっていく

内観を続けていくと，現在の自分が，特別な記憶，優先度の高い記憶に左右されていることに気づきます。

人は，「いま意識している記憶」によって悩みます。そして，自分の中に隠れている記憶をたどっていくことによって，その悩みから解放されていくのです。多くの記憶を呼び覚ますことによって，いまの自分の認識が変化し，自分自身が変わっていくことを経験するのです。

ほんとうのことを他の人から教えられるというのではなく,「ほんとうのことが記憶として自分自身の内にあること」「ほんとうに必要なことは自分自身が知っていること」を,内観は教えてくれるのです。

(3) 人はかかわりの中で生きている

「内観的な人間観」の3つめは,「人はかかわりの中で生きている」ということです。

内観では,「人は他の人とのかかわりの中で生きている」「人間は関係的な存在である」というのを基本的な考え方としています。

❶ 実存主義の「世界内存在」と内観の考え方

現在は,個人主義,個性尊重主義が一般化し,人は他に左右されることのない独立した存在として位置づけられています。

そうしたなかにあって,実存主義の立場を取る人たちは,人は独立してはいるものの,「他とのかかわりにおいて存在する」という個人のあり方を考え,「世界内存在」という概念を主張しています。実は,内観の人間観にも,この「世界内存在」に類似した考えがあるのです。

例えば,内観を始めるときには,一般に「母親に対する自分について」調べることから始めます。その次に「父親に対する自分について」調べ,それが終わると,兄弟姉妹,おじやおば,友人や知人,上司や同僚などに対する自分について,調べていきます。

自分は一人で生きているのではなく,自分は他の人とのかかわりをもって生きている,かかわりのあり方を通してほんとうのものが見えてくるという考え方があります。

❷ つながりの中で生きる自分

内観を進めていくと,自分がさまざまな人とのつながりをもって生きていることを思い知らされます。つながりの中で,迷惑をかけたり,手助けしてもらったり,さまざまなやりとりがあったことがわかってきます。人とのつながりなくしては,私たちの生活が成り立たないことを学んでいくのです。ここでは,内観的な人間観としてお話ししていますが,

これは内観的な世界観でもあるわけです。

「内観的な人間観」として，(1) 人は不完全なものである，(2) 人はほんとうのことを内に秘めている，(3) 人はかかわりの中で生きている，という3点を取り上げました。「内観的な人間観」の3つの側面です。

内観のエクササイズを行うときはもちろんですが，日常の学校生活のふとした場面をとらえて，教師がこうした「人間観」を意識しながら，子どもたちに接していくことができるとよいと思います。

3 内観的な人生観・世界観

最後に，「内観的な人生観・世界観」についてお話しします。

まず，「内観を支えるものの見方・考え方」と「内観的な人間観」の中でもふれてきた「内観的な人生観・世界観」について，人と人との営みという視点から「許し，支え合っていること」としてお話しします。次に，「内観的な人生観・世界観」のもう一つの側面として，人と人を超えたものの理解という視点から，「促され，生かされていること」についてお話ししたいと思います。

(1) 許し，支え合っていること

ここでは，「内観的な人生観・世界観の概要」「学校教育との関係」についてお話しします。

❶ 内観的な人生観・世界観の概要

内観を行うまでは「あいつが悪い，人が憎い，世間は冷たい」と言っていた人も，内観を進めていくうちに「あの人にもこの人にも世話になりっぱなしだ。あのときもこのときも迷惑のかけっぱなしだ。何もお返ししていない」というようになってきます。

さらに，「申し訳ない」とわびる気持ちでいっぱいになって，「私はとことんだめな人間なんだ。悪いのは私だった。情けない」と自分のふが

いなさを反省するようになっていきます。

そこから、「こんなふがいない私が、『あいつが悪い、人が憎い、世間は冷たい』と勝手なことを言っているのに、人は私をとがめてはいない。それどころか、『そこにいていいよ』と許されている。『この仕事をやってくださいね』と認められている。ありがたいことです」と感謝の気持ちがわいてきます。

「みんなに救われているようだ。私は一人ではなかったんだ。いつも、みんなと一緒にいたんだ」と、かかわり合い、つながり合って生きている私たちの営みに、喜びを感じるようになってきます。縁あって自分と一緒に生活している人たちとの一体感のようなものが、じわじわと生まれてくるのです。すると、「私もしっかりしなければいけないな。がんばろう」と生きる意欲がわいてくるのです。

これが、いままでお話ししてきた内観的な人生観や世界観の概要です。

❷　学校教育との関係

少し目を転じて、学習指導要領を見てみましょう。

中学校の学習指導要領「第3章　道徳」に次のような記述があります。「真理を愛し、真実を求め、理想の実現を目指して自己の人生を切り拓いていく」「自己を見つめ、自己の向上を図るとともに、個性を伸ばし充実した生き方を追求する」（第2内容：1主として自分自身に関すること (4)(5)）「温かい人間愛の精神を深め、他の人々に対し感謝と思いやりの心をもつ」（第2内容：2主として他の人とのかかわりに関すること (2)）「人間には弱さや醜さを克服する強さや気高さがあることを信じて、人間として生きることに喜びを見いだすように努める」（第2内容：3主として自然や崇高なものとのかかわりに関すること (3)）などという記述です。

小学校の学習指導要領、「第3章　道徳」では、「日々の生活が人々の支え合いや助け合いで成り立っていることに感謝し、それにこたえる」（第2内容：第5学年及び第6学年　2主として他の人とのかかわりに関すること (5)）などといった記述もあります。

これまでお話ししてきた内観の人生観や世界観を理解していくプロセ

スは，学習指導要領の以上のような内容の理解を補うものであると思われます。学校で行う内観のエクササイズでは，こうした「内観的な人生観・世界観」に行き着くことができれば，目的は十分に達成されたといってよいのでしょう。

(2) 促され，生かされていること

「内観的な人生観・世界観」に話を戻していきましょう。
　集中内観を行った人たちの感想を聞いていると，内観の人生観や世界観については，「許し，支え合っていること」でお話しした内容以外に，もう少し踏み込んだものがあるような気がします。

❶ 内観は自分の意志の力で行っているのではない

あるとき，安田シマ先生から，こんな話を聞きました。
　吉本伊信先生が「1週間の集中内観は，自分の意志の力で行っているように見えますが，実はそうではないのです」と話されたというのです。初めはよくわかりませんでしたが，内観を行っていると，たしかにそんな気持ちになってきます。
　内観を終えた人で，「1週間という苦しい時間を，自分の意志の力でがんばり抜きました。これは私の成果です。この努力が私を成長させます」というように語る人は，まずいません。
　多くの人は「内観をさせていただくことができて，ありがたいことでした」といって，内観所をあとにします。
　多くの内観者は「内観を行うことができたのは，自分がやろうと思ったからできたのではなく，そのときの私に内観を行うことが必要だったから，多くの条件がからみ合って，私が内観できるように仕向けてくれて，実際に内観をさせていただくことができたのです」と感じているようなのです。この話から，少し考えを進めていきましょう。

❷ 行動は必要に応じて自然に決定されている

さきほど，「私たちは許されて，支えられて生きている」とお話ししてきましたが，内観を行った人の話を聞いていくと，「私たちの生活は，

多くの人たちの考えに促されて,そうなるべくしてそうなっているのです」と言う人がいます。

　例えば,学校に入学したり卒業したりするのも,自分を支えていた人がいたからであって,その人たちの思いが私をあと押ししてできたことなのです。自分の努力や能力だけでできたことではないのです。仕事だって同じことです。家族や会社の人たちの援助があるからできることであって,自分一人でやっていることではないというのです。

　自分の意志や考え・行動というと,いかにも自分で決定して行っているように聞こえますが,実は多くのものの中で,だれが決めるともなく,必要に応じて自然に決定されていることなのです。自分自身がやったこと,やれることなどは,ほんの少しのことで,いったいどれほどの意味があるのでしょう,というぐあいです。

　こんなふうに話していくと,自分がなくなって世間の流れにのって,どこに行くのかわからないようで,不安に思うかもしれません。自我の確立や,個の自覚,独立という発想からは,いかにも頼りないことになってしまいそうです。

❸ 人間を超えた「何かの意思や願い」に支えられて

　でも,そんなに消極的なことではないようです。

　ある人は,「私には,『それが必要だから,そうしなさい』と私の背中を押してくれるものがあります。そうした力に促されて,いろいろなことをやって生きているのです」と言うのです。

　また,ある人は,「私たちの生活の奥底に,『思い』や『願い』のようなものがあって,その声に促され導かれるようにして歩んでいるような気がします」と感想を述べてくれました。

　私たちは,自我や意思,自分の能力という言葉にならされています。人生は自分の意思と行動で切りひらいていくものだ,という発想に親しんでいます。しかし内観では,「自分の意思」「人の意思」というよりも,「何かの意思」というようなものを見つめているようです。

　私たちはそれに促されて,それに従って生きている。実は,その「何

かの意思」によって存在しているものが，ほかならぬ「この世界」なのであると了解しているようです。

「『何かの意思』とは何ですか？」と聞かれると答えにくいのですが，私たちの生活の奥底，背後にあって，私たちを包み込んでいる「何かの思い」や「何かの願い」というイメージなのです。

もしも，内観をした人がお坊さんだったら，それを「仏」と呼び，牧師さんだったら，「神」と呼ぶかもしれません。いずれにせよ，内観を進めていくと，人間を超えた，人知でははかりしれない「何かの思いや願い」のようなものが，私たちの世界の背後に存在することを信じたくなってきます。私たちの世界が，その「何かの思いや願い」に包まれるようにして存在している気持ちになってくるのです。

内観を行っていくと，私たちの意識は，「自分を他の人が助けてくれている，支えてくれているという意識」から「人間を超えた『何かの思い，願い』に支えられて私たちの世界があるという意識」へと広がっていくようです。

ここにもう一つの「内観的な人生観・世界観」の側面があるのです。

❹ 学校教育との関係

ここでも目を少し転じて，学習指導要領を見てみましょう。次のような記述があります。

中学校の学習指導要領の中に，「自然を愛護し，美しいものに感動する豊かな心をもち，人間の力を超えたものに対する畏敬の念を深める」（第3章道徳　第2内容：3主として自然や崇高なものとのかかわりに関すること(1)）という記述があります。

小学校の学習指導要領では，「美しいものに感動する心や人間の力を超えたものに対する畏敬の念をもつ」（第3章道徳　第2内容：第5学年及び第6学年　3主として自然や崇高なものとのかかわりに関すること(3)）という記述があります。

もちろん，いままでに述べてきたことが，直接に「人間の力を超えたものに対する畏敬の念」のことをさしているわけではないでしょうが，

この項目の理解には、これまでにお話ししてきた「内観の人生観・世界観」の理解が役に立つと考えられるでしょう。

(3)「内観的な人生観・世界観」を理解するためのプロセス

内観では、自分と人とのとらえ方が変化して、他の人と自分はつながっていることに気づかされていきます。そして、人と人とがつながり合っている世の中のあたたかさを理解していくのです。

すると、「自分が、自分が」という「我」がとれてきて、自分の力だけで生きてきたのではないという事実を感じ取ることができるのです。

さらに、人間の力を超えた「何かの思いや願い」に促されて生きている自分の人生とそれを取り巻く世界の姿を実感していくのです。

しかし、私は、直接に「内観的な人生観・世界観」を理解する活動は、内観の作業としては行いにくい、と考えています。

内観では、「内観を支えるものの見方・考え方」に従って作業を進めていくことで、はじめて内観的な人間観が身につき、その作業の繰り返しによって内観的な人生観・世界観が理解されていくのです。

学校で行われる内観のエクササイズも、同じことがいえます。

結果を急ぐ人は、内観的な世界観を子どもに説明しようと考えるかもしれませんが、それは内観の活動とは言いにくいものがあります。

内観は、具体的に事実を調べていくことによって、はじめて内観として成立するものです。

学校で内観のエクササイズを指導する先生方には、内観的な人間観、内観的な人生観・世界観を理解していただくことはもちろん、内観のプロセスの重要性を間違いなく理解していただきたいと思っています。

次の第3章では、学校で内観のエクササイズを実施する場面や、そのときの工夫、配慮事項についてお話しします。

〔飯野　哲朗〕

第3章
学校でどう活用するか

序章では，学校で行う「内観のエクササイズ」を，サイコエジュケーションの一形態と位置づけました。集中内観と，学校で行われる内観のエクササイズとでは，実施する場面が違います。
　例えば，集中内観は屏風に囲まれた半畳の空間での，個人的な活動です。自分自身で，自分の内面を切りひらいていく厳しさがあります。いっぽう，学校で行われる内観のエクササイズは教室で行われ，グループ活動であることが一般的です。仮に個別指導であっても，教師のかかわり方は，集中内観に比べると，かなりの支援を行うことになります。子どもたちは，他のメンバーや教師に支えられ，彼らの力を頼りとしながら，内観を深めていくのです。
　その他にも，学校で行う内観のエクササイズでは内観に費やす実質の時間は数分程度ですし，内観の深さや質，展開方法なども，集中内観とは違っています。当然のこととして，学校で行う内観のエクササイズには，集中内観とは異なる効果を上げるための工夫や実施するときの配慮事項が必要になってきます。
　本章では，まずサイコエジュケーションとして位置づけた内観のエクササイズが，学校の教育活動のどんな場面で活用できるかについてお話しします。
　その次に，内観のエクササイズが効果を上げるためのコツについてお話しします。内観を学校で行うのだったら，学校独自の条件を考慮して，こんな技法上の工夫によって効果を上げていこうという提案です。
　最後は，内観のエクササイズを行うときの指導上の配慮事項についてです。学校では，クラスや学年の集団単位で内観のエクササイズを行うことが多いので，そのときの配慮事項，注意事項についてお話しします。

1 内観のエクササイズを行う場面

　さきに，学校で行われる内観の活動をまとめて，便宜上，「内観のエクササイズ」と呼ぶということにしていました。ここでは，他の活動の

補助的なものとして使われる場合や偶発的な場面をとらえて使われる場合は省きます。計画的に行われる活動として内観のエクササイズが，学校のどんな場面で使われるかについて概説します。

たしかに，時間と場所の条件さえ整えば，どんな場面でも実施は可能ということになるのですが，いくつかの場面ごとにみていきましょう。

(1) クラス単位の活動

内観のエクササイズは，子どもたちの成長を支えるという意味で，学校の教育がめざしているものと多くの部分で一致します。クラス単位のいろいろな場面では，数分から1時間（45分または50分）程度のメニューが可能です。

まず，1時間という時間割で考えると，学級会活動（高校ではホームルーム活動）や道徳の時間，総合的な学習の時間などが考えられます。教科の学習活動という視点で考えると，国語科や社会科，家庭科などで活用することができるでしょう。

数分間の活動では，朝や帰りの会（ショートホームルーム）を使って，毎日内観をさせたりすることが可能です。

学校で時間をとることがむずかしいときには，子どもたちの日記の一部に内観の項目を設けておきます。毎朝日記を提出してもらって，教師がコメントを書いて返却するという実践もあります。

クラス担任や教科担任の工夫次第で，ほかにもいろいろな場面での可能性があるでしょう。

(2) 部活動での活動

部活動での活用もあります。

週末のミーティング時に部員に内観をさせるとか，毎日の部活動の終了時に1日の活動について内観させるなどが可能です。

日常のクラス単位の活動で述べたように，日記の一部に，その1日について簡単に内観する項目を設けておきます。そこに毎日記入させるこ

ともできるでしょう。チームワークの向上に役立つはずです。

　座禅や読み聞かせなどの時間をとって，部員に落ち着きをもたせるとか，チームワークを高めるといった実践が聞かれます。目的はそれぞれの活動で異なる部分はあるでしょうが，同じようにして内観のエクササイズを組み込んでいけばよいでしょう。

(3) 合宿研修時の活動

　クラスや学年単位の合宿研修での実践もあります。

　合宿では，最初から研修のメニューに組み込むつもりでいれば，90分や2時間程度の時間がとれます。内観の原型に近い形式で，ゆったりと内観のエクササイズを行うことができます。

　例えば，基本的なエクササイズであれば，全体説明のあとに，数分間の内観を行います。内観の内容を記録するのもよいでしょうし，ペアで内観の内容を報告し合うのもよいでしょう。ペアの活動のあと，数グループあるいは集団全体で，まとめを行います。

　学校で日常的に内観を行っているならば，宿泊研修中の朝や夜のミーティング時に実施するのもよいでしょう。

　数百人の子どもたちをホールに集めて椅子に座らせ，タオルで目隠しをして10分間ほど内観をさせたという実践もあると聞いています。

　合宿研修は，日常生活から離れて自分自身を見つめ直すよいチャンスです。内観のエクササイズが有効に働く場面でもあるようです。

(4) 生徒指導・生活指導での活動

　生徒指導・生活指導での活動に関しては，個別の作業になります。

　特定の子どもに問題行動があったときなどは，個室で，1日や2日間，内観をさせることがあります。それでも，集中内観のような時間はとれませんので，内観をした後に面接を行って，内観の作業と面接を併用して内観を深めていきます。

　学校への登校が許可されないときなどには，自宅で内観させ，日記に

記録させたり，作文にまとめさせたりします。そして，担任や生徒指導担当の教員が家庭訪問をするときに，子どもの日記や作文を見て，内容を具体的に聞いていきます。「ここに，Aさんと口げんかしたことがあると書いてあるけど，具体的に説明してくれるかな」などと質問し，これも面接を併用して内観の内容を深めていくことになります。

(5) 面接室や保健室での活動

　面接室や保健室での活動は，生徒指導・生活指導と同じような活動になりますが，問題行動があったからというのではなく，日常の面接指導の中に内観のエクササイズを利用するというものです。

　相談係の先生であれば，「自分探し」をしている子どもに，「日常内観」のような形で，毎日，内観の指導を行うこともできます。

　養護教諭であれば，体調の思わしくない子どもの中で，自分探しが必要であると思われる子どもに，内観の指導を行うことができます。相談係と同じように，内観のエクササイズを行っていくのです。

　こうした個別の指導として内観のエクササイズを実施するのは，集中内観や日常内観に類似する場面ですので，より内観的な指導となってきます。

　このように，内観のエクササイズは，実施する時間と場を工夫しさえすれば，いろいろな活用の仕方が見つかるはずです。第5章の実践例などを参考にして，各自で工夫していただきたいと思います。

❷ 「内観のエクササイズ」の効果を上げるコツ

　1週間の集中内観を経験した人は，学校で行う内観のエクササイズの5分間や10分間の内観がどれほどの意味があるか，半信半疑なことと思います。

　でも，実際に，内観のエクササイズを行ってみると，その効果がわか

ってきます。「心に鍵をかけていたことが話せて楽になった」「お互いに必要な人の，忘れていたものを思い出せた」など，柔軟で感性豊かな子どもたちには，その数分間がインパクトのある活動となるようです。

　ここでは，学校で内観のエクササイズを行うときの，効果を上げるコツについてお話しします。

　効果を確実にするための技法上の特徴として，モデリングやディスカッション，ワークシート（記録法）の活用が考えられます。学校では，この3つの方法を使って，内観の方法を理解し，深めていくことが有効です。

(1) モデリングの活用

　まずは，モデリングについてです。

　例えば，3分間スピーチの練習をするときに，先生が子どもたちの前で，実際に3分間スピーチをやってみせます。子どもたちは先生のスピーチを聞いて，要領を理解するというようなことがあります。

　このように，モデルや模範を見て学んでいく方法を，モデリングといい，集中内観でも活用されています。

　集中内観では，さきにお話ししたように，内観がきちんと行われているかを，1時間から2時間に一度行われる面接によってチェックします。それ以外にも，過去に内観をした人の面接時のテープを聞いて，それをモデルとして内観の仕方を覚えていきます。

❶ 自己開示的に語ってモデルを示す

　学校で行う内観のエクササイズでは，集中内観以上にモデリングを重視しています。

　インストラクション（69ページ）の場面では，教師が自分の内観を自己開示的に語って，内観のモデルを示します。例えば，こんな様子です。

　「お世話になったことを思い出すのは，こんなふうにやるのです。実際には声に出しませんが，いまから先生がやってみます。

　私が中学1年生のとき，初めての中間テストの前日でした。次の日が

数学の試験です。教科書の問題を解いているとき，最後の一問の答えがわからなくて困っていました。数学の先生が，『これは絶対に出すからな』と言っていた問題でした。1時間くらい考えても解けずにいるとき，一つ上のお姉さんが声をかけてくれたのです。『ああ，この問題ね。これは，○ページの公式を使って考えるのよ』と言って，私のノートに実際に計算をして，解き方を教えてくれました。おかげで，試験では，その問題をきちんと解くことができました。お姉さんのおかげでした。うれしかったし，ありがたかったです。

こんな感じで，お世話になったことを具体的に思い出してみてください。わかりましたか」

❷ 状況に応じて内容の深さを加減

モデリングの利点は，子どもたちの状況に応じて，教師が語る内観の内容と深さを加減できる点にあります。

内観のエクササイズになじみの薄い集団であれば，内観の方法を理解させるために，教師が，「私がA君に『机を運んでくれる？』と頼んだら，『はい，わかりました』と言ってすぐに手伝ってくれました。とても助かりました」など，具体的なわかりやすい例をあげます。すると，子どもたちも，「今日の掃除のときに，B君にモップをかけてと頼みました。B君は『わかったよ』と言って，気持ちよく分担してくれました。とても助かりました」というような内容を思い出してくれます。

内観のエクササイズに慣れ親しんでいる集団であれば，例えば，「私は気が小さくて，みんなの前で説明するのが怖くて，どうすることもできなかったことがあったんです。そのとき，友達のCさんが，『自分のことを見てもらうためにみんなの前に立つんじゃなくて，みんなが移動する手順を伝えるために前に立つんだよ。君が説明しなければ，みんなどうしたらいいかわからなくて，動けないんだよ』って言ってくれたんです。そう考えたら，吹っ切れたような気がしたんです。みんなの前でも説明ができました。Cさんのアドバイスがとてもありがたく感じました」など，自分の人間性や成長にふれた内観の例を開示して，子どもた

ちにじっくりと内観させる状況を設定することも可能です。

こうした内容を提示すると、子どもたちからは、「6月のことですが、僕が社会のX先生に授業の指示を聞きに行こうとすると、D君がうしろからついてきました。ぼくは、なんだあいつと変に思っていました。ぼくが社会科の準備室から出てきても、廊下の向こうにD君がいるので、『おまえ、いったいなんだよ。気持ち悪いな』と強く言ったんです。D君は怒ったようにして、走って廊下の反対のほうに行ってしまいました。ところが、その放課後、クラス委員のEさんから『1か月前、あなたX先生にしかられたでしょう。その後も、X先生とうまくいってないよね。それで、D君は心配して、あなたがX先生のところに行くときには、ついて行ってたんだって。いいとこあるじゃん。D君』と言われたことがありました。ぼくは、ただうっとうしいと思ったのですが、D君がぼくのことをそんなふうに思ってくれていて、とてもすまなく思いました。自分が恥ずかしく感じられました。いまではいい友達だと思っています。感謝しています」というような例が出されてくるようになります。

子どもたちは、教師の内観をモデルとして、思い出す内容や活動の深さをつかむことができるのです。

学校で行う内観のエクササイズでは、インストラクションでの教師の自己開示が、その後の展開を左右することになります。教師も、ときには自分自身で内観を行って、子どもたちに実感をもって話すことのできる例を探しておくことが必要でしょう。

(2) ディスカッションの重視

次は、ディスカッションについてです。

学校で行う内観のエクササイズでは、数人が集まって内観の内容を語り合いながら内観を深めていくシェアリングの手法がよく使われます。構成的グループエンカウンター（SGE）では、感じたり気づいたり考えたり体験したりしたことを、数人で話し合ったり全体の前で発表したりします。自分が表現し主張して、他のメンバーから感想や意見を述べて

もらいます。それを受けとめながら，自己理解，他者理解，自己受容，他者受容を深め，成長，変化していくというパターンをとっています。

❶ シェアリングの手法を活用し，内観を深める

学校で行う内観のエクササイズは，構成的グループエンカウンターの一形態ですので，上記のようなシェアリングの手法を活用します。

具体的には，数分の内観後，内観の内容を2人組などで確認し合います。自分の内観の内容を言葉にすることで，心の中に変化が生じることがあります。さらに，メンバーからの感想や意見を聞いて，新たな意味合いに気づいたり，考え直したりすることもあるようです。メンバーとのやりとりの中でさまざまに触発されて，内観が深まっていくのです。

私が実践を行ったときにも，こんなことがありました。

自分の母親についての内観の内容を報告しているときに，「お母さんに迷惑をかけて……」と言って，口ごもってしまった子どもがいました。落ち着いてからそのときのことを聞くと，「説明するまでは，普通に『迷惑をかけたんだ』と，単純に思っていました。それが，『迷惑をかけて』と言ったとたんに，こみ上げてくるものがあって，『迷惑をかけた』という言葉だけではまとめられないものがあるんだ，という気持ちになったんです」と話してくれました。

また，別の例では，ある子ども（Aさん）が母親のことを報告したあとに，他の子ども（Bさん）が「お母さん，大変だったんだろうね」と感想を述べたことがありました。Bさんは，特別な意味があって言ったわけではありません。ところが，それを聞いたAさんが目を丸くしたのです。これも後で聞くと，「Bさんの『お母さん，大変だったんだろうね』という言葉を聞いたとき，『そうなんだ。お母さんはほんとうに大変だったんだ』と，心にしみじみと感じられるものがわいてきた」というのです。

❷ ディスカッションが気づきを促す

私たちは，頭の中でいろいろなことを考えて，それで結論が出たと思っていることが多いようです。ところが，自分で言葉にしたり，人から

言葉をかけられたりしたときに，その出来事のほんとうの意味が，瞬時に理解できることがあるようです。こうした私たちの気づきを促すのが，シェアリング場面でのディスカッションなのです。

　もちろん，他のメンバーの内観の内容を聞くことで刺激を受け，自分自身にも共通する課題があることに思いいたることもあります。そのことで，内観の姿勢が真剣なものになっていくこともあります。

　例えば，こんなこともありました。

　「私は小学生のころ，お父さんによく注意されました。時間を守れ，寄り道はするな，朝会った人にはあいさつせよなどと，きりがありません。それでも，『おはようございます』と声をかけることで，『あの家の子どもさんは立派だ，いつでもきちんとあいさつができるよ』と言われました。そう言われることがうれしくて，いまでも続けています。先日，部活の先生が，他の学校の先生に『この子はきちんとあいさつのできる，社会性が身についている生徒です』と紹介してくれました。なんだか自信のようなものがわいてきて，お父さんの注意がうれしくなりました」という報告がありました。

　それを聞いて，父親は口うるさいだけのものだと思っていたという他のメンバーが，父親の存在を考え直すきっかけになったということがあります。そのメンバーは，それまで父親の内観が進まなかったようですが，父親の注意にも意味があるかもしれないと感じ，その後，父親の内観を進めていったのでした。

　これは，メンバーの報告の中に，自分との共通点を見いだした例といえるでしょう。

　さきほどお話ししたように，集中内観では内観は個人の活動ですが，内観のエクササイズではメンバーに支えられ，メンバーの力を頼りとしながら，内観を深めていくという特徴があるのです。

　逆に言うと，学校で行う内観のエクササイズでは，ディスカッションを有効に使っていくことが指導の一つのコツであるといえます。

(3) ワークシート（記録法）の利用

　最後に，ワークシート（記録法）の利用についてです。
　集中内観では，内観の事実や内容をメモにすることは一般的ではありません。学校で行う内観のエクササイズでは，ワークシート（4章・5章参照）を利用して，思い出した事実や内観の内容をメモしたり文章にしたりすることがよく行われています。過去の事実を思い出すことに不慣れな子どもたちは，短い時間の中で事実を思い出しても，どこが大事なところなのか，整理できないことがあります。

❶ 事実を客観的に振り返ることができる

　ワークシートを使って，内観の事実や内容をメモしたり文章にしたりしようとすると，どういう言葉を使って記録したらいいか，この出来事の中心はどこかなどと考えます。記憶をあいまいにしておくと文章は書けません。正確に思い出して，ポイントである部分と，それを表す言葉を明確にしていかなければならなくなるのです。
　メモをとり，その記録した文字を見ると，その事実や内容を客観的に振り返ることができるようになってきます。出来事が正確に意識化されるという効果もあります。
　しかし，メモのとり方にもコツがあります。例えば，「先週の日曜日，お父さんとお母さんと妹と私の4人で，朝10時くらいに家を出て，近くのスーパーに買い物に行きました。最初にカメラを見て，カバンを見て，そのあといくつかのお店を回って，洋服売り場に行きました。お父さんはスーツを見て，お母さんはワンピースを買って，私はTシャツを見て，ズボンを見るといいものがあったので，1本買いました。そのズボンを袋に入れてもらいました。私はうれしくてその袋を振って歩いていたのですが，陶器売り場の前を歩いているとき，その袋が花瓶にあたってしまいました。すると，その花瓶が棚から床に落ちて割れてしまいました。それで……」などととめどなく記述していたのでは，どこをどう考えていいものやら，わからなくなってしまいます。

それを,「先週の日曜日の午前中(いつ),近所のスーパーで(どこで)のことです。買い物袋が売り物の花瓶に当たって,その花瓶を壊してしまいました(どんなことがあったのか)」というように記述すると,出来事のポイントがはっきりとしてきます。

4章,5章のワークシートを見るとわかると思いますが,いつのことか,どこでの出来事か,どんなことがあったのかなど,ポイントを記述しやすいような項目が並べられています。

❷ 一連のつながりある活動にすることができる

また,学校では,まとまった時間をとって内観を行うことはむずかしく,朝の数分間など,短い時間の内観を積み重ねていくこともあります。

例えば,月曜日から木曜日まで,毎日数分間行った内観の記録を,金曜日に見返します。ワークシートに記録された内観の事実や内容を見て,1週間の内観を振り返るのです。

内観自体は毎日数分間ずつ分断されて実施されます。それを,メモをまとめて見ることで,一連のつながりのある活動とすることができます。これもワークシートを利用する利点です。

ワークシートを使った内観の活動は,思い出し,ポイントを整理して,文字によって記録し,記録された文字を見て,さらに記憶を明確にし,客観的に理解していくという特徴があります。

こうした手順を踏んで,内観を深めていく手法は,学校で行う「内観のエクササイズ」の大きな特徴といえるでしょう。

内観研修所で行う集中内観と,学校で行われる内観のエクササイズとでは,内観の時間,行う空間,内容の深さや質に違いがあります。

学校ではモデリングやディスカッション,ワークシートなどを活用して,思い出した事実や内容をクリアにしたり,深めたり,断続された活動をつながりのある一連の活動としたりする工夫が必要です。

学校で内観のエクササイズを実施するときには,学校独自の条件をこうした技法上の工夫によって補っていくことが大切です。

３ 内観のエクササイズの指導上の配慮事項

　ここでは，学校の教育活動として，内観のエクササイズを行うときに，配慮しなければならない点についてお話しします。
　まず，内観法と内観のエクササイズの違いについて考えてみましょう。
　内観法自体は広義のカウンセリングや心理療法（この場合は内観療法となる）の一つとして分類されます。しかし，内観のエクササイズは教育活動です。そこで，「心理療法志向のカウンセリング」と「教育活動」の違いから，話を進めていきましょう。
　まず，前提の違いについてです。最も異なる点は，心理療法志向のカウンセリングと教育活動では，それを受ける人の状況が違っているということです。カウンセリングや心理療法を受けようとする人は，何らかの問題を解決したい，この悩みを何とかしたいというように，動機づけがしっかりしています。ところが，教育活動における児童・生徒には，カウンセリングや心理療法を受けようとする人（クライエント）ほどの動機づけは期待できません。
　多くの子どもたちは，学校に通ってくる以上，カリキュラムの一部として，内観のエクササイズを受けることになります。言い方を変えると，受けなければならないものとして，内観のエクササイズに臨むということになります。ですから，自分から何とかしようとして受けるカウンセリングや心理療法に比べると，配慮する点がいくつか出てきます。
　以下に，子どもたちの状況や，子どもたちの訴えから，いくつかの例を示します。参考にしてください。

（１）父母がいない，父母と仲が悪いという子どもがいるとき

　最も重要な配慮事項は，家庭環境についてです。
　クラスなどの集団で内観のエクササイズを行うときには，事前に子どもたちの家庭環境を把握しておくことが大切です。個別面接を行って子

どもの様子を聞いたり，内観のエクササイズの趣旨を説明したりします。

例えば，両親を幼くして亡くし，父母の顔さえ記憶にない子ども，母親または父親がいない子ども，極端に親との仲が悪い子どもなどがいる場合です。このようなときには，母親や父親を内観のテーマとしないで，「お世話になったと思える人に対する自分」などについて内観するとよいでしょう。だれにでも受け入れやすい設定にするのです。

特に，ここ1年以内に，父親や母親，祖母や祖父など，身近な人を亡くした子どもがいるときには，亡くなった人に対する自分について内観させないほうがよいでしょう。

死別による精神的な別れが十分にできていないときには，その人と自分のことを思い出していくと，急に大きな悲しみや後悔におそわれることがあります。心の変化にとまどってしまって，感受性の強い子どもではパニック状態に陥ることもあります。

集団の中にそうした子どもがいそうなときには，内観のエクササイズを実施することについて，十分に検討してほしいものです。

(2) 思い出せない，つらい，怖い，やりたくないという子どもがいるとき

内観を始めると，事実が思い出せないとか，思い出すとつらい，怖いといった感想をもらす子どもがいます。

❶ 思い出すことに慣れていない場合

その中には，実際に過去を思い出すことに慣れていなくて，思い出せないという子どもがいます。このときには，一緒になって昔のことを思い出してみるとよいでしょう。

例えば，「小学校の入学式のこと覚えているかな？」「少しだけ」「どんな服を着ていったの？」「短パンに黒っぽい服かな」「そう。で，だれと行ったの？」「お母さんだよ」「お母さんの服装を覚えてる？……例えば色とか」「黒っぽかったかな」「洋服だった？　着物だった？」「着物だったよ」「そう，着物だったんだ。もう一つ，ランドセルを背負った

感じ，覚えてるかな？」「えーと，大きなものが背中にあって，ぐっと引っ張られる感じで，邪魔だったな」「体育館はどんな感じだった？」……などとゆっくり聞いていき，思い出すことをこたえてもらいます。思い出す要領がわかれば，エクササイズに取り組むことができます。

❷ やりたくない意思表示の場合

けれども，なかには「内観をやりたくない」という意思表示であることがあります。自分がまだ解消していないこだわりにふれることになりそうで，つらい，怖いと感じる子どもがいるのです。こうしたときには，子どもの気持ちを語らせて，ゆっくりと傾聴するとよいでしょう。

例えば，「やりたくないって言ってたけど，もう少し説明してくれる？」「なんか，怖くていやなんだ」「いやって，思い出したくないことがあるの？」「うん……」「君に責任があるってこと？」「そう，ぼくが悪いんだ。インチキしたんだ」「そのことを思い出すことになりそうでつらいんだ」などと傾聴していくと，子どもは自分で言った「つらい」「怖い」という言葉の，ほんとうの意味がわかってきます。「思い出せないのではなく，思い出したくないんだ」「自分の弱くて醜いところを見たくないんだ」というように，自分の気持ちが明確になっていきます。

このように，自分の気持ちに直面していくお手伝いをしていると，そのうちに，例えば，「お世話になったことだけを思い出してみよう」とか，「お返しをしたことだけを思い出してみよう」とか，あるいは応用的になりますが，「これからどんなことをしたいかを考えてみようか」などと，次にどういう活動をしたらよいかがみえてきます。

❸ エクササイズ運営上の配慮点

この状況を内観のエクササイズの運営という面から考えてみます。

まず，こうした個別の対応をしている間にも，他の子どもたちの内観が進んでいるという点があげられます。クラス全体の活動が進んでいるにもかかわらず，クラス集団に対して教師が目配りができなくなってしまうのです。結果として，クラスの他の子どもたちは，自分の判断によってエクササイズをこなしていくことになってしまいます。こうした状

況は避けたいものです。

◆ティームティーチングによる運営

　この点を考えると，内観のエクササイズを行うときには，例えば，養護教諭や副担任などの協力を得て，ティームティーチング（ＴＴ）などの形式で実施するのがよいということになります。1人の教師が全体の進行役を担当し，もう1人の教師が個別の対応を担当するのです。複数の教師によって運営を計画しておくと，教師も子どもたちも安心して，内観のエクササイズに取り組むことができます。

◆設定自体に無理がある場合

　大事なことは，一般に複数の子どもたちが「思い出せない」とか，「思い出すことがつらい」というときには，エクササイズの設定自体に無理があることが多いということです。

　例えば，トラブルのあった人に対する自分のことを思い出させるとか，迷惑をかけたことのみを内観させるとか，設定を限定して行うと，子どもたちに負担を強いることになります。

　学校で行う内観のエクササイズは内観を活用した教育活動ですから，特定の子どもに負担のかかる設定は避けたいところです。それでも，内観のエクササイズを何度か経験して，ある程度の理解ができてくると，思い出せないことの意味や，思い出してつらい気持ちを受けとめて，それを乗り越えようとするようにもなってきます。

　くどいようですが，再度お話ししておきますと，意識しておきたいことは，最初から，「思い出せない，つらい，怖い，やりたくない」などの感想が複数の子どもたちから出てくる場合には，説明が不足していたり，子どもたちの実態とエクササイズがマッチしていなかったり，教師の指導方法や計画に問題があることが多いということです。

　こうした状況は，教師が内観のすばらしさに感動をおぼえ，内観に傾倒してしまったときなどに起こりやすいものです。教師にとっての内観の意義と，子どもたちにとっての内観の意義とは異なるということを，明確にしておきたいと思います。

(3) もうお返しができないという子どものいるとき

　内観のエクササイズを行っていると，「おばあさんにお世話になったし，迷惑のかけどおしだったことが悔やまれる。でも，おばあさんは亡くなっているので，お返しのしようがない。どうしたらいいのだろう」と行きづまる子どもがいます。

　集中内観であれば，さらに内観を続け，そのうちに，そうした世の巡り合わせに気づき，落ち着きを取り戻していくことがほとんどです。

　ところが，内観のエクササイズでは，集中内観のように時間をかけて追求していくことができません。そのときは，教師が人生の先輩として，自分の考えを述べることが求められます。

　例えば，こんなふうにです。

　「お世話になり，迷惑のかけどおしだったおばあさんにお返しができないのは，実に残念ですね。まず，仏壇の前で手を合わせて『おばあさん，ごめんなさい』と気のすむまで言いましょう。そして，『ありがとう』と気のすむまで言いましょう。きっと，おばあさんに届くと思いますよ。おばあさんへのお返しを，他の人に代わって受けてもらうのもいいじゃないですか。他の人にお返しをするのです。そして，何十年かたって，あなたがあの世に行くことになったら，おばあさんに会って報告ができるかもしれませんよ。先生はそうできると思いますよ」

　このように，教師の考えや思い，信念を伝えることも大切であると思います。ここは，教師が理屈や論理ばかりにこだわっていると，対応がむずかしい場面です。教師個人の生き方や人生観，世界観，ときには宗教観が問われる場面といってもよいでしょう。子どもたちに「トータルにかかわっていく力」が要求される場面でもあります。

(4) 状況に応じて抵抗の少ない設定を

　最初にお話ししたように，学校で行う内観のエクササイズは教育課程の一部として実施されるものです。

多くの子どもたちにとって内観のエクササイズを行うことが有意義であっても，何人かの子どもたちにとってはそうではない場合があります。「思い出せない，思い出すとつらい，怖い，もうお返しができない，やりたくない」などといった表現を使って，いま自分が内観を行う準備ができていない，その条件が満たされていないことを訴える子どもがいることをお話ししました。
　クラス単位で内観のエクササイズを行うならば，どの子どもがそうした子どもであるかを意識しておきたいものです。
　こうした状況を考えると，「素直にお世話になった人に対する自分」について内観することから始めるなど，どの子どもにも抵抗の少ない設定を心がけることが必要でしょう。また，「だれに対する自分」について思い出すか，その「だれ」にあたる人は自分で決めるなど，自己選択の余地を残しておくのもよいでしょう。もしくは，今月はやめて来月にしようなどと，計画の実施時期を再考してみることが必要なときもあるはずです。
　とにかく，教師自身がすばらしいと思うので，すぐに子どもたちに内観を行わせてみるというのでは，無鉄砲な実践になってしまいます。子どもたちの状況や意欲，関心に応じた条件を提示するゆとりをもって，内観のエクササイズに臨んでほしいと思います。

　本章では，内観のエクササイズを実施しようとするときに，心がけたいことを，(1) 内観のエクササイズを行う場面，(2) 内観のエクササイズの効果を上げるためのコツ，(3) 内観のエクササイズの指導上の配慮事項，の3点についてまとめました。
　次の章では，具体的に内観のエクササイズを作り上げるための基本となるレシピを示します。本章までの内容を生かして，具体的な展開をめざしてください。

〔飯野　哲朗〕

第4章
「内観のエクササイズ」の基本レシピ

学校で内観を使って行われるさまざまな活動を「内観のエクササイズ」としてまとめて考えることはすでに述べましたが，内観のエクササイズにはいくつかの基本的な活用方法が考えられます。この章では，内観を材料として学校の教育活動を作り上げていくための，9つの基本的なレシピを示します。

　まずは，それぞれの形態における基本的な展開（インストラクション，エクササイズ，シェアリング）と介入のポイントについてお話しします。

1 基本的な展開

　学校で行われる内観のエクササイズは，構成的グループエンカウンター（SGE）の基本的な展開法にそって行われます。SGEは，インストラクション，エクササイズ，シェアリング，まとめの順で展開されます（下図参照）。なお，1時間は45分で計算しています。50分の場合には，全体的にゆとりをもって展開するなどして調整してください。

◆1時間（45分）の基本的な活動

① インストラクション（活動の説明）	（5～10分）
内観エクササイズの目的，内観エクササイズの説明，ルールの説明を行う。	
② エクササイズ（本活動）	（20～25分程度）
内観のエクササイズを行う。	
③ シェアリング（活動の振り返り）	（5～10分程度）
エクササイズによって感じたことや気づいたことを語り合う。	
④ まとめ（活動内容の整理）	（3～5分）
エクササイズの目的を確認し，教師の感想を述べる。	

❶ インストラクション

　どんな目的があるか（目的の説明），内観とはどんなものか（内観の説明），1時間をどのように過ごすか（展開の説明）について話をするのが基本です。注意事項などもつけ加えます。

　また，内観について説明する場面では，教師自身の内観を語ることで活動のイメージをつかんでもらいます。教師自身の内観を語りにくいときには，内観面接時の録音（8ページの内観研修所に問い合わせると購入できます）などを利用することもできます。内観について説明することによって，子どもたちが身構えてしまいそうなときなどには，最初に，内観について説明しないこともあります。具体的なインストラクションは，「基本形」（71ページ）と第5章の実践例を参考にしてください。

❷ エクササイズ

　内観エクササイズの本活動の部分です。基本形，インタビュー形式など，さまざまな形態があります。

❸ シェアリング

　振り返り，わかち合いの部分です。ワークシートを使って，自分個人で振り返る場合，2人から数人のグループで感じたことや気づいたこと，考えたことなどを確認し合う場合などがあります。互いを受け入れることのできる集団であれば，全体の前で感想を述べ合うこともできます。個人，グループ，全体の振り返りを組み合わせることもあります。そのほかに，思い出した情景や感想を絵画（あるいは音楽など）にすることもあります。

　内観後の振り返りで，メンバーの感想や考えを聞くことによって内観の深まりが期待できるのが，内観のエクササイズの特徴です。ちなみに，「集中内観」では，ここでいうシェアリングを行わないのが一般的です。

❹ まとめ

　1時間の活動を行って，活動の目的を再確認し，教師の感じたことや気づいたことなどを伝えます。

2 介入のポイント

　介入は，内観のエクササイズが目的にそって展開されるように，教師が助言をしたり，励ましたり，注意をしたりするものです。例えば，子どもが内観を行うのをためらっていたときに，気持ちを聞き，内観のエクササイズを行う意義を説明したりすることが，それにあたります。

　また，「釣りをした」「旅行に行った」という表現のみであるなど，過去の出来事が淡泊に記録されたり語られたりしているときには，「いつのこと？　だれと行ったの？　どこに行ったの？　どんなことがあったの？」などと質問して具体的に思い出すように意識づけをしていきます。

　シェアリングでペアの話を聞くとき，やつぎばやに質問をしている場面を見たら，「相手の内観の内容を相手のペースで『へぇ』『そうなんだ』と，うなずきながら聞いてください」などとアドバイスします。

　詳しくは第3章「学校でどう活用するか」を参照してください。

3 「内観のエクササイズ」の基本レシピ

① 基本形
② 傾聴形式
③ 反復質問形式
④ 記録形式
⑤ 養育費を計算する活動
⑥ うそと盗みについて調べる活動
⑦ 行動内観を使った活動
⑧ 身体内観を使った活動
⑨ 芸術的な表現を使った活動

　基本レシピには，左のようなものがあります。なお，「基本形」では，インストラクション，エクササイズ，シェアリング，まとめと順を追って説明しますが，以降のレシピでは，基本形と形式が異なるだけで表現が類似する場合，その箇所は省略しています。

基本レシピ①　基本形（内観の形態を残した活動）

　本来一人で行う内観の形態を残した形式です。内観そのものの雰囲気を色濃く残している，最も内観的な活動です。

　内観の3つの問い（お世話になったこと，お返しをしたこと，迷惑をかけたこと）に従って，個人で内観を行っていきます。

1時間（45分間）の展開例

教師の指示		子どもたちの活動	
〈活動の説明〉 ・目的の説明 ・内観の説明 ・教師の例示 ・展開の説明	インストラクション	〈活動内容の理解〉 ★教師の説明を聞いて，本時の活動について理解する。	10分
〈内観の指示〉 ・だれに対する自分について思い出すかを決めるように指示 ・内観の指示	エクササイズ20分	〈内　観〉個人活動 ★○○さんに対する自分についてお世話になったこと，お返しをしたこと，迷惑をかけたこと，を思い出す。	10分
〈聞き合いの指示〉 ・2人組を指示 ・内観の内容を語り合うように指示		〈内観の内容の確認〉ペアワーク ★ペアで相互に内観の内容を語って確認する。	各2分ずつ
〈振り返りの指示〉 ・ペアで振り返るよう指示 ・数人に感想を述べるよう依頼	シェアリング	〈振り返り〉 ★内観で感じたことや気づいたことをペアで語り合う。 ★数人が感想を述べる。	10分
〈まとめ〉 ・目的の再確認 ・教師の感想	まとめ	〈活動内容の整理〉 ★教師の話を聞き，1時間の活動を整理する。	5分

〔備考〕振り返りでは，ワークシートを使う形式もよい。

◆インストラクションの教師の指示例

目的の説明：この時間は「人生で出会った（ある人）と自分とのかかわり」について思い出してみます。人間関係のあり方についてのヒントをつかむのがねらいです。

内観の説明：自分がお世話になったと思える人（父や母で可）を1人選びます。その人に対して，自分がいままでに，どんなことで「お世話になったか」「お返しをしたか」「迷惑をかけたか」を，5W1Hの要領で思い出します。時間は10分間です。

教師の例示：例えば，先生だったら，お母さんに対する自分について「お世話になったことは～です。お返しをしたことは～です。迷惑をかけたことは～です」のようなことが思い出されます。

展開の説明：思い出す時間を10分間とります。そのあと2人組で思い出したことを確認します。最後に全体で振り返りを行います。

◆エクササイズの教師の指示例

内観の指示：だれに対する自分について思い出すか決めてください。少し時間をとります。……いまから10分間，自分が，その人に対して「お世話になったこと」「お返しをしたこと」「迷惑をかけたこと」を，5W1Hの要領で思い出してください。

ペアでの聞き合いの指示：いまから2人組になって，2分ずつ，どんなことを思い出したか確認し合います。

◆シェアリングの教師の指示例

ペアでの振り返り：いまのエクササイズを通して感じたこと，気づいたことを2人組で話し合ってください。

全体での振り返り：どんな感想がありますか。何人かの人に聞いてみましょう。……太郎君はどんなことを感じましたか。

◆まとめの教師の指示例

目的の再確認，教師の感想：今日はある人と自分との関係を通して自分自身のあり方を考えました。ほかにも，私たちはいろんな人にお世話になってきたんだと思います。人とのつながりについて，これからも考え

ていきたいですね。

■基本形のバリエーション１（３つの問いごとに独立させて内観する形式）
ア　ねらいと活動
　３つの問いの１つずつの内容を明確にするために，基本形の10分間の内観の部分を，３つの問いごとに独立させて実施します。
イ　エクササイズ部分の展開例

| 1．だれに対する自分について内観するかを決める。 |
| 2．各自「お世話になったこと」について内観する。　　　　　　（２分） |
| 3．各自「お返しをしたこと」について内観する。　　　　　　　（２分） |
| 4．各自「迷惑をかけたこと」について内観する　　　　　　　　（６分） |
| 5．２人組になって，内観の内容を聞き合う。　　　　　　　（２分＋２分） |

〔備考〕「お世話になったことや迷惑をかけたこと」という項目で８分，「お返しをしたこと」の項目で２分間の内観を行う形もある。

■基本形のバリエーション２（内観を数回行う形式）
ア　ねらいと活動
　集中力を高め内容を深めていくために，内観（３分）と聞き合い（２分＋２分）をワンセットにして，２回実施します。
イ　エクササイズ部分の展開例

| 1．だれに対する自分について内観するかを決める。 |
| 2．各自，３分間の内観を行う。　　　　　　　〈１回目〉（３分） |
| 3．２人組になって聞き合いを行う。　　　　　〈１回目〉（２分＋２分） |
| 4．各自，３分間の内観を行う。　　　　　　　〈２回目〉（３分） |
| 5．２人組になって聞き合いを行う。　　　　　〈２回目〉（２分＋２分） |

〔備考１〕　３つの問いを同時に思い出すのがむずかしいときには，「お世話になったことや迷惑をかけたこと」に限定して実施してもよい。
〔備考２〕　２回目の聞き合いをそのままシェアリングにつなげる形もある。

基本レシピ② 傾聴形式

　傾聴技法を使って、2人組で互いの話を聞きながら内観を深めていく活動です。互いを受け入れていく雰囲気のある活動です。
　基本形のエクササイズ部分の活動を、2人組の聞き合いで行います。ペアの1人が自分の内観を語り、もう1人はペアの言葉を傾聴します。1人が終わったら役割を交代して、もう一度同じように実施します。

1時間（45分間）の展開例

教師の指示		子どもたちの活動
〈活動の説明〉	インストラクション	〈活動内容の理解〉
〈聞き合いの指示〉 ・2人組を指示 ・だれに対する自分について思い出すかを決めるように指示 ・聞き合いの指示 ・役割交代の指示	エクササイズ・20分	〈内観：傾聴〉ペアワーク　各5分ずつ ★ペアの1人が自分の内観の内容を語り、もう1人が傾聴する。 ★役割を交代し、同じ活動を行う。
〈振り返りの指示〉	シェアリング	〈振り返り〉
〈まとめ〉	まとめ	〈活動内容の整理〉

〔備考〕3つの問いごとに独立させて傾聴するのもよい。

◆**インストラクションの教師の指示例**
展開の説明：2人組で、まず、思い出したことを語る役の人を決めてください。5分間、1人が思い出したことを語り、もう1人はうなずきながら聞いてください。終わったら役割を交代して、また5分間行います。
教師の例示：太郎君に聞き役になってもらい、先生がお母さんに対して思い出したことを語ります。「～です」。こんな感じで行ってください。

◆**エクササイズの教師の指示例**
内観の指示：だれに対する自分について思い出すか決めてください。2人組になって、役割が決まったら始めましょう。……はい、5分たちました。役割を交代して同じように行ってください。

基本レシピ③ 反復質問形式

　反復質問法を使って，2人組で質問し合いながら内観を深めていく活動です。エンカウンター的な雰囲気のある活動です。

　エクササイズ部分の内観の活動を，反復質問法を使った2人組のインタビュー形式（山口大学教授・林伸一氏の開発による）で行います。1人が反復質問法によってインタビューを繰り返し，片方がインタビューにこたえる形で内観の内容を語ります。終わったら，役割を交代します。

1時間（45分間）の展開例

教師の指示		子どもたちの活動
〈活動の説明〉	インストラクション	〈活動内容の理解〉
〈反復質問1の指示〉 ・2人組になる指示 ・役割を決める指示 ・反復質問の指示 ・役割交代の指示	エクササイズ・20分	〈内観：反復質問1〉ペアワーク 各3分ずつ ★ペアの1人がインタビュー役，もう1人がインタビューにこたえる役
〈反復質問2の指示〉 ・役割を確認する指示 ・反復質問の指示 ・役割交代の指示		〈内観：反復質問2〉ペアワーク 各2分ずつ ★ペアの1人がインタビュー役，もう1人がインタビューにこたえる役
〈振り返りの指示〉	シェアリング	〈振り返り〉
〈まとめ〉	まとめ	〈活動内容の整理〉

〔備考〕振り返りはワークシートを使うのもよい。

◆インストラクションの教師の指示例

展開の説明：2人組で「同じ質問を何度も繰り返してインタビューする活動」をやってみます。実際にやってみましょう。

教師の例示：太郎さんに質問してもらって，先生がこたえてみます。

太郎：「先生。いつ，だれに，どんなことでお世話になりましたか？」

教師：「小学生のとき，母に，学校まで体操服を届けてもらったことが

ありました。私が，体操服を忘れて泣きべそをかいていると，担任の先生が来て，いまお母さんがいらっしゃいましたよと言って，体操服を渡してくれました。とてもうれしかったのを覚えています」
太郎：「そうでしたか。……いつ，だれに，どんなことでお世話になりましたか？」
教師：「中学生になったとき，〜（エピソードを語る）」
（以下，同様の質問とそれに対するこたえを繰り返す）

◆エクササイズの教師の指示例
内観の活動：インタビューする人とこたえる人を決めてください。
反復質問1：質問は「いつ，だれに，どんなことでお世話になりましたか？」です。生まれてからいままでに，いつ，だれに，どんなことでお世話になったかを聞いていきます。1人が終わったら役割を交代して，同じ項目でインタビューします（質問事項を「いつ，だれに，どんなことでお世話になったり，迷惑をかけたりしましたか？」という形にしてもよい）。
反復質問2：2人とも終わったら，「いつ，だれに，どんなことをしてあげましたか？」という質問で，もう一度相互にインタビューを行います（このときも，教師が見本を示すとよい）。

◆振り返りの教師の指示例
ペアでの振り返り：2人組で振り返りを行います。相手に質問して，また相手の質問にこたえて，感じたことや気づいたこと，考えたことなどを自由に話し合ってください。

反復質問法とは
　同じ質問を繰り返し相手に投げかける質問法。同じ質問を何度もされ，こたえる人は同じ回答はできません。結果として自分の内面を深く見つめることができます。質問例：「あなたのほしいものは何ですか？」「よいところを教えてください」など。
（＊反復質問法の開発者は林伸一氏。命名者は飯野哲朗）

基本レシピ④ 記録形式（記録法を使った活動）

　内観の内容をメモしたり，ワークシートや当番日誌，個人の日記などに記録したり，作文にしたりする活動です。教育活動に組み込みやすい形態です。

　１時間のエクササイズでは，内観のときや振り返りのときの確認に活用されます。文章にすることで，内観の内容を客観的に見つめることがねらいです。他の形式とも併用されます。

◆**ワークシートを使った活動**

　基本形や傾聴形式・反復質問形式のパターンでエクササイズを展開するときに，ワークシートを使って内容を記録します。

　　　（　　　　）のころ，（　　　　　　　）に対する自分について

　１．お世話になったこと

　２．お返しをしたこと

　３．迷惑をかけたこと

　ワークシートには，一般に，（いつ）の時期のことを思い出すか，（だれ）に対する自分について思い出すかについて，内観の３つの問いが書かれています。子どもたちは，自分が行った内観のエッセンスをメモします。

　自分の思い出したことのエッセンスを文字にすることになるので，理性的・知的なフィルターをくぐらせることになります。冷静，客観的な要素が強くなります。

　授業としての１時間の活動では，思い出したことをその場で記録させますが，宿題のようにして，次の日までに記録させてくることもあります。

◆内観を作文にする活動

　内観の内容を作文にまとめる「作文内観」もあります。作文を課題として，「(ある人)に対して自分がどのような接し方をしていたか，(ある人)にお世話になったこと，お返しをしたこと，迷惑をかけたことについて作文してください」というような指示をします。(ある人)の部分は各自で決めさせます。内観に慣れてくれば1時間の中で書かせることもあります。

　作文なので，内観をきちんとやるという要素以外に文章表現力が求められます。ワークシートに記入するよりも，さらに冷静で客観的な要素が働きます。知的な作業がより強く加わってきます。自分を冷静に客観的に見つめるという点では，意義ある活動です。

◆内観日記

　各自に内観ノート(内観日記帳)を持たせて，朝の会や帰りの会のときに，短時間の内観をさせ，ノートにメモさせます。

　帰りの会で，「今日一日を振り返りましょう。だれにどんなことでお世話になりましたか。また，あなたはだれにどんなことをしてあげましたか(どんな親切をしてあげましたか)」などを具体的に思い出して，ノートに1行から2行程度で記入するというものです。教師は毎日コメントを書き添えていきます。

◆内観日誌

　当番日誌に内観の項目があって，月に一度当番になったときに，一日を振り返って記入させます。日誌を教師に提出するときに，記入された内容を話題に面接をします。

　記録による内観は，さまざまな利用法があります。ただ，内観で思い出したことを文字にしていく作業が加わりますので，基本形や傾聴形式，反復質問形式の内観とは少し様子が違ってきます。「いま，そのときの内観」という切迫感やダイナミックな雰囲気は少なくなり，じっくりと内観の内容を検証する冷静な雰囲気が出てきます。人によって向き不向きがありますが，学校の指導としては実施しやすい活動です。

基本レシピ⑤ 養育費を計算する活動

　内観には，基本的な3つの問い以外に「養育費を計算する」という問いがあります。現実を具体的に考える要素の強い活動です。

　親の愛はあたりまえすぎて，そのありがたさを実感できないことがあります。内観には親の愛情を，養育費という視点から確認していく，現実的なアプローチがあります。

1時間（45分間）の展開例

教師の指示		子どもたちの活動
〈活動の説明〉	インストラクション	〈活動内容の理解〉
〈計算の指示〉 ・ワークシートに従って記入 ・計算の指示	エクササイズ・25分	〈計算の実施〉 ★ワークシートに従って，養育費の額を記入していく。 ★現在までの養育費の総額を計算する。
〈振り返りの指示〉	シェアリング	〈振り返り〉
〈まとめ〉	まとめ	〈活動内容の整理〉

〔備考〕ワークシートを事前に持ち帰らせて，上記の金額を保護者から聞き取らせておくとよい。また，活動後に再度保護者に添削を依頼して，額を調整するという宿題も有効。家庭でさまざまな会話がなされるようである。

　ただし，本エクササイズの実施に関しては，個人情報保護法の施行もあって，プライバシーや所得格差の問題など，社会的な問題を反映するおそれがある。こうしたトラブルを回避するために，みな一律に，出産費用は50万円，保育園幼稚園は月に2万円，現在の一日の食費を1000円とし，幼稚園までを0.5倍，小学校までを0.7倍などとして，全員に同じ計算をさせるなど，統一した作業を行うこともある。実際には，このように平均的なだいたいの金額を出す方法のほうが使いやすいと思われる。（家庭科で使う資料などを参考にするとよい）

◆インストラクションの教師の指示例

目的の説明：親（自分を育ててくれている人）の愛情については，みんな何となくわかっていると思います。でも，「親の愛情って具体的に何？」と聞かれるとこたえにくいものです。この時間は，親の愛情を，

日常生活という現実的な視点から，具体的にとらえてみようと思います。
展開の説明：ご両親が，みなさんのために使われてきたお金の総額を計算してみます。ワークシートの1枚目は生まれてから幼稚園や保育園に入るまで，2枚目は幼稚園や保育園のとき，3枚目は〜，4枚目は〜です。使った費用を記入し，総額を出してみましょう。わからないことは，資料にある金額を参考にしましょう。

◆**エクササイズの教師の指示例**
ワークシート記入方法：最初に幼稚園や保育園に入るまでの金額を計算します。「7．その他の費用」の欄に，出産費用を記入します。
　資料を見てください。ある家の使用額がありますので，わからない人はその金額を記入しましょう（以下，該当学年の金額まで進める）。
　それぞれの用紙の金額を足して総額を出してみましょう。

◆**シェアリングの教師の指示例**
グループでの振り返り：養育費の計算をしてみて，どんな感想があるか，どんなことに気づいたか，グループで自由に話し合ってください。
全体での振り返り：グループでどんな感想が出たでしょう。全体に話せることで結構です。何人かの人に聞いていきます。

◆**まとめの教師の指示例**
目的の再確認，教師の感想：日ごろ，なにげなく使っているお金ですが，長年の間にはかなりの金額になるものですね。お父さんやお母さんの愛情を，いつもと違う視点で考えられたようですね。この時間は，お金を通して愛情について考えてみました。このように，手ではつかみにくい漠然としたものを，具体的なものを手がかりにして考えることができる場合もあります。いろいろなものを考えるヒントにしたいですね。

〔ワークシート例〕

```
                （            ）のころの私の養育費
  1．食　費                                          約        円
  2．教育費　①学校の経費                              約        円
            ②塾や参考書などの経費                    約        円
  3．小づかい（月に        円）                       約        円
  4．買ってもらったもの（値段）
            ①～～～～～～～～～～～～～～          約        円
  5．連れて行ってもらったところ（経費）
            ①～～～～～～～～～～～～～～          約        円
  6．けがや病気などの治療費
            ①～～～～～～～～～～～～～～          約        円
  7．その他の費用
            ①電気・ガス・水道                        約        円
            ②電話                                    約        円
            ③                                        約        円
  8．合計の費用                                      約        円
```

〔資料〕参考例：中学生をもつある家庭の費用（平成15年）

出産前後にかかった費用：約50万円／光熱費（電気・ガス・水道代金）関係：月約6千円／保育園にかかった費用：月に約2万円／小学校入学時にかかった費用：約10万円／中学校入学時にかかった費用：約15万円

〔振り返り用紙例〕

```
  1．現在までに使われた養育費の合計はいくらぐらいですか。
        合計　　約　　　　円
  2．合計額を見てあなたはどう思いますか。
    （                                                    ）
  3．金額を出してみて，気になったり印象に残ったりした項目は，どの項目
    ですか。（                                            ）
  4．お父さんやお母さんはどんな気持ちであなたにお金を使っていたと思い
    ますか。
    （                                                    ）
  5．養育費の計算をして，そのほかに，感じたことや気づいたこと，考えた
    ことを記入してください。
    （                                                    ）
```

基本レシピ⑥　うそと盗みについて調べる活動

　内観の3つの問い以外に「うそと盗み」について調べるという問いがあります。おもに内観的な人間観を身につけるためのものです。

　この問いは，法的・道徳的な視点から設定されているものではなく，内観的な人間観を身につけるために設定されたものです。さまざまな内観の活動の中でも，運営がむずかしい活動です。いくつかの内観の活動を行って子どもたちに内観の考え方が受け入れられてきたところで行うとよいでしょう。

1時間（45分間）の展開例

教師の指示		子どもたちの活動
〈活動の説明〉	インストラクション	〈活動内容の理解〉
〈ワークシート記入の指示〉 ・教師の事例を提示 ・ワークシート記入の指示	エクササイズ・25分	〈ワークシートに記入〉 ★教師の示した事例から，内観で問題とするうそや盗みについて理解し，思い出す。 ★教師の事例を参考にして，ワークシートに記入する。
〈振り返りの指示〉	シェアリング	〈振り返り〉
〈まとめ〉	まとめ	〈活動内容の整理〉

◆**インストラクションの留意点**

目的の説明：内観で調べる「うそと盗み」は，法律的・道徳的な視点から考えるのとは違います。人間は不完全な存在で，ちょっとしたうそをつきながら，ちょっとしたずるをしながら生きていかざるをえない弱い存在であるという考えがベースにあります。この時間は，そうした人間（自分）の弱さ，不完全さに目を向けてみることを説明します。

◆**エクササイズの留意点**

「**うそ**」**を思い出す**：教師が例を示します。自分がついてきた「うそ」を思い出し，ワークシートにポイントを箇条書きにします。

「盗み」を思い出す：教師が例を示します。自分が犯してきた「盗み」について思い出し，ワークシートにポイントを箇条書きにします。

◆シェアリングの留意点

個人の振り返り：振り返り用紙に記入します。

グループでの振り返り：2～3人組をつくり，自分のうそと盗みについて語り，感想を述べ合います。話しにくいことは，話さなくてよいことを伝えます。

全体での振り返り：各グループで話題となったことを，オープンにできる範囲で報告してもらいます。

◆まとめの留意点

教師の感想：子どもたちの振り返りの中で，印象的であった内容について，コメントします。

目的の再確認：内観のベースにある人間観や世界観について再度確認し，自分たちがそれをどう受けとめて生活に生かしていけばよいか，教師自身の考えを述べ，子どもたち各自の考察のヒントとします。

〔ワークシート例〕

① 私の「うそ」

	いつ	だれに対して	どんな「うそ」であったか
1			

② 私の「盗み」

	いつ	だれに対して	どんな「盗み」であったか
1			

〔振り返り用紙例〕

1. 「うそ」と「盗み」について思い出すことができましたか？
   □たくさん思い出せた　　　　□思い出せた
   □あまり思い出せなかった　　□ほとんど思い出せなかった
2. 「うそ」と「盗み」について思い出すことにいやな思いがありましたか？
   □とてもいやだった　　　　　□いやだった
   □それほどいやではなかった　□いやな気持ちはなかった
3. 「うそ」と「盗み」を思い出して，いやだったことや不愉快だったことがあったら，感じたままに自由に書いてください。
   （　　　　　　　　　　　　　　　　　　　　　　　　　　　　　）
4. 「うそ」と「盗み」を思い出して，どんなことを感じたり，考えたりしましたか。あなたの感じたこと，気づいたこと，考えたこと，また，疑問に思ったことを自由に書いてください。
   （　　　　　　　　　　　　　　　　　　　　　　　　　　　　　）

「うそと盗み」の背景

　内観には，人間は自分の感情や欲望に左右されて，「うそ」をついたり「盗み」をはたらいたりして生きていく弱い面をもつ存在である，という考え方があります。ただ，この場合の「うそや盗み」は法的な，犯罪のレベルの「うそや盗み」とは少し違います。

　例えば，「うそ」であれば，「いつも先生にほめられているＡ君が憎くて，委員会の仕事の失敗をいかにもＡ君のせいであるかのように言いふらしてしまった」などのようなことが含まれます。

　「盗み」であれば，「駅の待合室に忘れられている雑誌があった。ちょうど自分の見たい雑誌だったので，持ち帰った」なども含まれます。こうした事実を確認していくと，自分が不完全な人間であることが実感されてきます。そして，人も自分も不完全な存在として世の中に受け入れられ，見捨てられることなく生かされていることに気づいていきます。「うそと盗み」についてのエクササイズは，こうした考え方が背景にあるのです。単に，うそや盗みを犯したことを反省せよという活動とは違うのです。

基本レシピ⑦　行動内観を使った活動

　「行動内観」は高橋正氏の発案で，自分を知ることから，健康を維持し，生活や行動を改め，よりよい自己の実現をめざしています。「内観の事前準備」「いくつかの異なった形式を組み合わせた3日間の内観」「内観の事後指導」によって構成されています。内観のエクササイズとして行動内観を使った活動は，行動内観の一連の展開や，3日間の内観で使われている特別な内観の問いなどを利用しています。

◆**行動内観について**

展開：行動内観では，内観を行う1か月前から，住んでいた場所や周辺の様子，育ったときの暮らしや家計の状態などについて調べる課題をこなし，内観を進めていくうえでの資料集めと動機づけを行います。その後，3日間の集中内観（含現在の内観，心・体に対する内観，将来への決意など）を行い，1か月後，3か月後，半年後に事後指導を受けます。

特別なテーマ：行動内観では，従来の内観を「過去内観」と位置づけて，これができるようになると，「いま，していただいたこと，して返したこと，迷惑をかけていること」をいつも認識できるように少し踏みこんで内観をさせていきます。例えば，「心からしてあげたか」「して返す行為に自己顕示の心はないか」「誠意と善意をつくしているか」「能力や労力の出し惜しみをしていないか」などの問いによってチェックします。また，心と体に対する自分について内観を行います。3日間の最後に，父や母，同僚などに対して，今後こんなことをしてあげたい，こんな迷惑はかけないようにしたいという決意を，一つずつ書いて終了します。

◆**行動内観の展開を利用した活動例**

> 1．自分の「生いたちの記」を課題とする。（1週間前に指示）
> 2．内観のエクササイズを実施する。（1時間の活動：基本形でよい）
> 3．1週間後，エクササイズ実施後の生活について内観する。

〔備考〕内観の事前準備として，生い立ちをまとめるなどの課題を与えると，課題をこなしながら，すでに内観を深めている子どもも出てくる。さまざまな子ど

もたちがいる学校の場面では，作業や宿題のような形で，それぞれの動機づけに応じた内観の形をめざすことも有効である。

◆行動内観のテーマを使った活動例
　1時間の内観のエクササイズで，通常の3つの問いを使って内観を行うのではなく，行動内観の特別なテーマを使って内観を行います。例えば，反復質問法を使って，「あなたは，これから，だれに，どんなことをしてあげたいですか？」という質問で実施するといった活動です。

基本レシピ⑧　身体内観を使った活動

　自分の体調の思わしくない部分（足，手，臓器など）に対する自分について内観する身体内観を使ったものです。

◆身体内観について
　「身体内観」とは，高口憲章氏の開発によるもので，「自分の身体や臓器に対する自分」というテーマで行う内観です。高口氏は医療の場における治療として行っています。学校では，病気を抱えて学校生活を送っている子どもや，体調のすぐれない子どもなどが，健康を維持するために行うとよいでしょう。特に，小学生はいろいろなものを擬人化して考えることが得意な年ごろです。保健室で自分のおなかや頭，手や足などについて内観を行うことは有効です。

◆身体内観を使った活動例
　例えば，「胃に対する自分」というテーマで「迷惑をかけたこと」を思い出すと，「夏の間，朝には冷たい麦茶を飲み，昼はそうめんとかき氷を食べて，夜はまた冷たいジュースを飲みました。私の胃はいつも冷やされて寒かったでしょう。がんばっていろんなものを消化してくれたんですね。でも今日は耐えられなくて，痛い痛いと言ってダウンしたんですね。ときには温かい物を食べてあげればよかったと思います。胃袋さん，ごめんなさい」といったぐあいです。

基本レシピ⑨　芸術的な表現を使った活動

　内観を行って思い出した場面や感じたことや考えたことなどを，絵画やコラージュなどで芸術的に表現する活動です。

　内容を口頭で説明したり，メモや文章にしたりすることが苦手な子どもたちに，内観を行って思い出した場面や感じたことや気づいたこと，考えたことなどを，絵画（あるいは彫刻，塑像，音楽など）で表現してもらうことがあります。ときには，絵画表現を積極的に利用して，感性に訴えるような振り返りを行う目的で利用する人もいます。通常のエクササイズの振り返りの部分を拡大したものです。

1時間（45分間）の展開例

教師の指示		子どもたちの活動	
〈活動の説明〉	インストラクション	〈活動内容の理解〉	5分
〈内観の指示〉 ・内観の展開を説明 ・内観の指示	エクササイズ	〈内観の活動〉 ★指示に従って内観を実施 〈活動の整理〉	10分 5分
〈振り返りの指示〉 ・自分の気持ちを絵画で表すように指示	シェアリング・25分	1．〈描画によるシェアリング〉 ★内観で思い出した情景や，内観で感じたこと気づいたことなどを絵（B5判）で表現する（個人作業）。 2．グループによるシェアリング ★絵を見ながら数人のグループで振り返りを行う。	15分 5分
〈まとめ〉	まとめ	〈活動内容の整理〉	5分

〔備考〕2時間続きの活動として，最初の1時間で通常の内観のエクササイズを実施して，次の1時間で描画による振り返りを行うのもよい。
【参考】『愛の心理療法内観』柳田鶴声　いなほ書房　1989／『内観実践論』柳田鶴声　いなほ書房　1995

◆インストラクションの教師の指示例

　「今日は，この前に行った内観（基本形などの内観のエクササイズを一度実施しているほうがよい）を最初に行います。内観が終わったら，

内観で思い出した光景，または内観で気づいたり感じたりしたことを，配布した用紙（B5）に絵（デッサンのみや色鉛筆を使った程度の絵）にします。書き終わったら，絵を見ながらみんなで感想を語り合いましょう」

◆芸術療法の活用

　芸術的な表現を使った振り返りは，内観と芸術療法をミックスしたものです。指導者が美術や音楽の教師の場合には，内観そのものを目的とするというよりも，創作のための基礎体験として内観を利用することがあるようです。

◆子どもと芸術表現

　自分の感想を絵画（あるいは彫刻，塑像，音楽など）で表現することは，小学校などでは活用しやすい形態です。中学生や高校生となると，クラスにいる多くの生徒たちを対象として行うのはむずかしくなってくるようです。芸術にかかわる活動は，特殊な嗜好をもった，あるいは特定の子どもを対象とする場合が多く，一般的には個人指導の中で生かしていくことがよいのかもしれません。

　「内観のエクササイズ」の9つの基本レシピを示しました。実際に学校で行うときには，この形がさらに変形されていたり，ほかの活動の中に組み込まれていたりして，もっと複雑なものになっているはずです。

　次章では，子どもから大人までを対象とした，さまざまな場面における「内観のエクササイズ」の実践を語ってもらいます。実際の「内観のエクササイズ」の活用の仕方について，理解を深めてください。

〔飯野　哲朗〕

第5章

実践！内観エクササイズ

〔教室で行う内観・小学校〕

基本形・記録形式

してあげたこと，してもらったこと
—— ブラッドレーのせいきゅう書

朝日　朋子

小学校3年　道徳　1時間
単元「家族とのかかわりを見つめ直す」

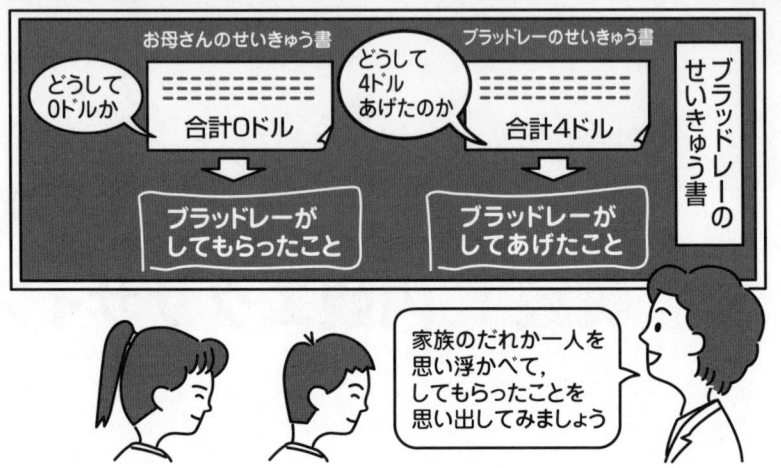

お母さんのせいきゅう書　　ブラッドレーのせいきゅう書

どうして0ドルか　　合計0ドル　　どうして4ドルあげたのか　　合計4ドル　　ブラッドレーのせいきゅう書

ブラッドレーがしてもらったこと　　ブラッドレーがしてあげたこと

家族のだれか一人を思い浮かべて，してもらったことを思い出してみましょう

● ねらい
・家族とのかかわりの中で生きてきた自分に気づき，家族の深い愛情に感謝し，家族の一員としてつくそうとする心情を育てる（家族愛）。

● 本時の展開（概略）
・資料を読んで，ブラッドレーと母親との請求書の違いや，子どもにはお金を払い，自分はお金を請求しなかった母親の気持ちを考える。
・家族に対して，どんなことをしてもらったか，その人にどんなことをしてあげたか，ワークシートに書く。
・4〜5人のグループ内で発表し，互いの発表について感想を述べる。

● 準備物
・真仁田昭・新井邦二郎監修『3年生のどうとく』文溪堂，ワークシート

第5章 実践！内観エクササイズ

展開例 ◆ **してあげたこと，してもらったこと（1時間）**

導入

① 「だれかにしてあげたこと，そして，してもらったこと，たくさんありますよね。今日は，ブラッドレーという男の子とお母さんのことについて考えてみましょう」

＊資料を読んで，(1)ブラッドレーとお母さんの請求書の違うところ，(2)お母さんはどうしてお金を請求しなかったのか，(3)お母さんはどうして，ブラッドレーにお金を払ったのか，について発言を求める。

＊2人の請求書を黒板に示し，対比を明確にする。

活動1〔個人〕

② 「これから，ワークシートに，『してもらったこと』を思い出して書いてもらいます。はじめに，家族のだれか一人を思い浮かべて，自分の心の中をよく振り返ってみます。時間は3分間です。3分間たったら合図を出しますから，それまで思い出せたことを書いてみましょう。『してあげたこと』を思い出せる人は，『してあげたこと』も書いてみましょう。では，合図があるまで，他の人とは話さないで，自分の心と向き合ってみましょう」　＊教室を回って，支援する。

活動2〔グループ〕

③ 「みんな，真剣に書いていましたね。それでは，5人（または4人）のグループをつくってください」

④ 「班長さんから順番に，ワークシートに書いたことを発表します。他の人たちは，後で感想が言えるようによく聞いてください」

＊どうしても言いたくないものは，言わなくてもよいと伝える。

振り返り

⑤ 「ワークシートに書いたり，みんなの発表を聞いたりして，感じたことを発表してもらいます。班の中で，思いついた人から言ってみてください。できるだけ，みんなが感想を言ってみましょう」

まとめ

⑥ 特によかった気づきを紹介し，最後に教師が自分のことを短く語る。

特色と生かし方

本単元は，道徳の第3学年及び第4学年の内容「4 主として集団や社会とのかかわりに関すること」の，「(3) 父母，祖父母を敬愛し，家族みんなで協力し合って楽しい家庭をつくる」である。

今回は道徳資料「ブラッドレーのせいきゅう書」と構成的グループエンカウンターの「してあげたこと，してもらったこと」のエクササイズを融合させた。道徳のねらいである「家族愛」に迫るには，資料を読み深めた後，内観の手法により家族とのかかわりを具体的な事実に従って，実生活のレベルで見つめることが有効と考えたからである。それをシェアリングすることで，自分と家族のかかわりをさらに深く見つめ直し，家族の一員としてできることを考え，実践する効果を期待して計画した。実感の伴った理解があると，その後の行動変化が起こりやすい（結びつきやすい）といえる。

留意点は，2点である。①資料の理解や各活動をテンポよく進める。そのために，板書内容やワークシートを工夫して用意する。②思い浮かべる対象については，各家庭の事情や子どもの思いを配慮し，「家族のだれか一人」とするが，両親や祖父母など，複数とすることも認めたい。

成果・子どもの反応

この資料を使った以前の授業では，「これから自分でできることは何か」という話し合いから，子どもはお手伝いの種類を数多くあげることに熱心になってしまった経験がある。今回は，内観の手法を取り入れることで，してもらったことの感謝の思いから，自発的に「家族のために何かをしたい」という気持ちが出てきたことが何よりの成果である。

「いつも起こしてもらっている」「病気のときにやさしくしてくれた」など，日常の出来事に感謝の思いを浮かべる子どももいれば，「未熟児で生まれたぼくを，ここまで育ててくれた」「入院したとき，寝ないでベッドのそばにいてくれた」など，人生の節目について語る子どももいた。どの発言も，真剣に内観をした結果として，認めていった。

参考文献：朝日朋子「してあげたこと，してもらったこと」，國分康孝監修『エンカウンターで学級が変わる　小学校』図書文化社

第5章　実践！内観エクササイズ

「してあげたこと，してもらったこと」

_____のことについて思い出しました。

◎　いままで生きてきた中で，してもらったこと

◎　いままで生きてきた中で，してあげたこと

☆　これを，みんなに発表してもいいですか？　（はい・いいえ）

参考「ブラッドレーのせいきゅう書」あらすじ

ブラッドレーは，お母さんに1枚の紙切れを渡した。

> ブラッドレーの請求書
> おつかいちん1ドル　おそうじちん2ドル　音楽のけいこに行ったごほうび1ドル　合計4ドル

お昼の時間のとき，お母さんは，ブラッドレーに4ドルのお金と一緒に，1枚の小さな請求書を渡した。

> お母さんの請求書
> 親切にしてあげた代0ドル　病気したときの看病代0ドル　服やくつやおもちゃの代0ドル　食事代と部屋代0ドル　合計0ドル

これを読んだブラッドレーは，お母さんのところへ駆けていき，「お母さん，このお金はお返しします。そして，お母さんのために，何でもさせてください」と言った。

グルエンブルグ作，上村哲弥訳『ブラッドレーの請求書』より

〔教室で行う内観・小学校〕

基本形・記録形式

かけがえのない人

森田　勇

小学校5・6年　道徳　1時間
単元「支え合い，助け合い」

● **ねらい**
・日々の生活が人々の支え合いや助け合いで成り立っていることに感謝し，それにこたえていくための自分のあり方を見つめる。

● **本時の展開（概略）**
・担任のこれまでの人生に影響を与えた人とのエピソードを語る。
・大切な人を一人選び，「お世話になったこと」「お返しをしたこと」「迷惑をかけたこと」について思い出し，ワークシートに記入する。
・活動の感想をワークシートに記入し，それをもとに自分にとって大切な人に手紙を書く（家庭学習または，国語科の作文につなぐ）。

● **準備物**
・ワークシート，原稿用紙（各自2枚），ストップウオッチ

> **展開例**　　**かけがえのない人（1時間）**

> **導入**

① 「もうすぐ卒業ですね。今日は，自分にとって大切だったと思う人を思い出し，その人と自分はどんな関係であったかを考えます。例えば，私の場合はいまは亡き父です。教師になってまもなく，体調を崩し1年ほど学校を休んでいたときのことです。父は寝てばかりいた私を心配し，仕事中でも家に戻り，ドライブに連れ出してくれたり，食事に誘ってくれたりして，父自身の苦しかった闘病生活の日々を語ってくれました。こんなにも自分のことを思ってくれている父の慈しみ深い真剣なまなざしにふれ，涙が流れてきました。私にとって父は，苦しみを乗り越えていくときに勇気づけてくれる存在です」

② 「思い出しやすいように心の準備運動をします。楽な姿勢で座り，軽く目を閉じてみましょう」（無理に閉眼させなくてもよい）。

> **活動**

③ 「それでは，小学校生活を振り返って，大切だなと思う人を1人選んで，ワークシートに記入してください」＊両親，先生，友達など。

④ 「その人に『お世話になったことや迷惑をかけたこと』『お返しをしたこと』を思い出して，ワークシートに記入してください」
　＊とまどっている子どもには「思い出せる？」などと声をかける。

> **振り返り**

⑤ 「今日の活動を通して，感じたこと，気づいたことをワークシートの3のところに記入してください」

⑥ 「ワークシートに記入してどんなことがわかってきましたか。感想を聞かせてください」　＊無理のない範囲で数人に感想を述べてもらう。

> **まとめ**

⑦ 「今日は，小学校生活を振り返りながら，身近な人を一人選んで，その人に対する自分のあり方を考えてもらいました。その人は，あなたにとってかけがえのない人です。最後に，ワークシートをもとに，その人に伝えたい自分の思いを手紙に書きましょう」

特色と生かし方

　卒業を間近にひかえた児童に，内観を活用した道徳の授業として実施すると，比較的取り組みやすい。

　ワークシートに，課題に対して調べやすいように観点を示すことで，相手に対する自分の過去の事実が想起しやすく，手紙を書くときの抵抗を軽減できる。

　また，特定した一人に自分の思いを手紙に書いて伝える手法は，将来に向けて肯定的に生きようとする態度育成に，卒業という儀式を結びつけることができる。

　最後に書く手紙を，国語科の作文指導に関連づけて実施することも可能である。

成果・子どもの反応

　小学生でも，示された観点にそって過去の事実を想起できれば，他者に対する自分のあり方をとらえることができる。

　特に，卒業を間近にひかえた児童は，他者に感謝の心を何らかの形で表現したいという思いが強いためか，意欲的に取り組んでいた。

　児童の感想を見ると，選んだ人に対する感情のわだかまりが解消されたことや，感謝の気持ち，自分の将来に対する意欲的な決意が多く書かれていた。

　本時では，高学年道徳「主として他の人とのかかわりに関すること」を内容とする価値項目（報恩・感謝）を扱った。これは，内観を活用するのにとてもふさわしい価値項目の一つと考えたからである。

　学校でできる内観のエクササイズは，道徳授業として十分期待できる。内観は，自分自身と他者との関係を，過去の事実から見つめ直し，新たな自己理解を促しながら，感情や行動に変化をもたらすことができる。この効果を高めるためには，ふだんから子ども自身が，自分の心や体の感じに耳を澄まし，実感できるような教育活動を行っていくことが必要であろう。

道徳「かけがえのない人」ワークシート

1．だれ：小学校生活を振り返って大切だと思う人（友達，先生，父親，母親など）

　　　[　　　　　　　　　　]さん（Aさん）に対する自分について

2．次の2つの項目について，心に残っている出来事を下の質問にそって思い出して，事実を簡単に記録してください。

(1) Aさんに「お世話になったことや迷惑をかけたこと」はどんなことがありますか。
　　①いつごろのことでしたか？　　　（　　　　　　　　　　　）
　　②どこでのことでしたか？　　　　（　　　　　　　　　　　）
　　③どんなことでしたか？　　　　　（　　　　　　　　　　　）
　　④どうなりましたか？　　　　　　（　　　　　　　　　　　）
　　⑤上記の①〜④を思い出して，いまどんな感想をもちましたか。
　　　（　　　　　　　　　　　　　　　　　　　　　　　　　　　）
　　⑥ほかにもお世話になったり，迷惑をかけたりしたことがありますか？
　　あてはまるところに○印をつけてください。
　　　ア たくさんある　　イ 何回かある　　ウ あまりない　　エ まったくない

(2) Aさんにお返しをしたことはありますか？　　ア ある　　イ ない
　　＊アに○印をつけた人
　　①いつごろのことでしたか？　　　（　　　　　　　　　　　）
　　②どこでのことでしたか？　　　　（　　　　　　　　　　　）
　　③どんなことでしたか？　　　　　（　　　　　　　　　　　）
　　④どうなりましたか？　　　　　　（　　　　　　　　　　　）

3．上に書いた2つのことを思い出してみて，あなたはどんな感想をもちましたか？

(1) あなたにとって，Aさんはどんな人であったと思いますか？
　　（　　　　　　　　　　　　　　　　　　　　　　　　　　　）
(2) Aさんにとって，あなたはどんな人であったと思いますか？
　　（　　　　　　　　　　　　　　　　　　　　　　　　　　　）
(3) その他，今日の学習を通して感じたこと，考えたことはありますか？
　　（　　　　　　　　　　　　　　　　　　　　　　　　　　　）

4．今日の学習を生かして，Aさんにいまの自分の思いを伝える手紙を書きましょう。

〔教室で行う内観・小学校〕

基本形・記録形式

ぼくの私の通知表

藤澤　ゆかり

小学校3～6年　学級活動　2時間

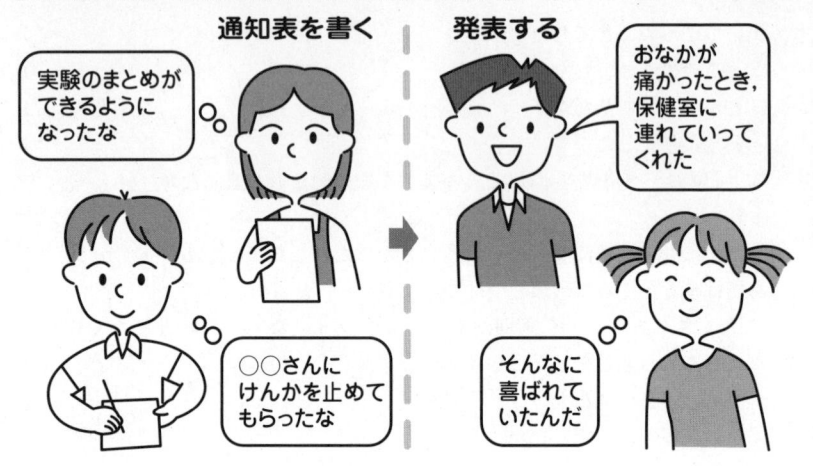

通知表を書く
- 実験のまとめができるようになったな
- ○○さんにけんかを止めてもらったな

発表する
- おなかが痛かったとき，保健室に連れていってくれた
- そんなに喜ばれていたんだ

● ねらい
・学校生活を振り返り，努力の成果を明確にし，がんばれる自分であると自信を高める。人とのかかわりの中で生かされている自分に気づく。

● 本時の展開（概略）
・1時間目：自分の学校生活を振り返り，自分の通知表を作成する（書き方や内容などについての確認をした後，学校生活を振り返り，通知表に評価と具体的な事実を記入する）。
・2時間目：通知表について，グループで発表し合い，話し合いの結果をもとに通知表を完成させる。

● 準備物
・ワークシート，行事予定表，行事の写真，日記帳，作文集など。

第5章　実践！内観エクササイズ

展開例　◆　ぼくの私の通知表　（2時間）

導入

①「今日は自分で自分の通知表を作ります。先生なら，毎週学級通信を出し続けた自分に◎，校庭で転んだときに，心配して駆け寄ってくれたみんなの顔に感謝の気持ちを送りたいです。みんなはどうですか？がんばったことや来学期にがんばりたいこと，だれかに助けられてうれしかったことなど，今学期を振り返って通知表を作りましょう」

活動1〔1時間目：個人〕

②「まず，各教科，生活面について自分でどれくらいがんばったかを評価してください」　＊評定から取りかかると抵抗が少ない。

③「次に，どんなことをがんばったのか，だれかに助けてもらったり，だれかのためにがんばったことはないか思い出して，その隣に記入してください。思いつかないときは，あけておいてください」
＊教室を回って，支援する。事実に絞って書かせると書き出しやすい。

活動2〔2時間目：グループ〕

④「自分の通知表を見ながら，内容を発表し合ってください。友達の意見を聞いて，自分も同じだった人や自分の名前が出てきた人は，メモをして後で書き加えてもよいです」　＊サンプルとして何人かに発表させてもよい。

⑤「友達の発表を聞いて，自分の通知表に書き足すことがあった人はそれを書いて通知表を完成させてください。メッセージも書き込みましょう」　＊机間指導をし，空白が目立つ子どもには支援を行う。

振り返り

⑥「今日は自分の通知表を作って1学期を振り返ってみました。自分の通知表を作ってみて，どんな感想をもちましたか」

⑦「最後に自分へのメッセージ，○○さんへのメッセージも書き込みましょう」　＊努力した点，人に感謝された点などに注目させる。

まとめ

⑧「今日は自分の通知表を書きながら1学期を振り返りました。がんばったことやだれかに助けられたことなど，たくさんのことに気づきましたね」

特色と生かし方

　通知表の作成で，子どもたちは無理なく学校生活を振り返ることができる。いつもは評価される立場の子どもたちに，自分の学校生活について，そのときの出来事を５Ｗ１Ｈの要領で具体的に思い出し振り返らせることで，日ごろ意識していない自分や友達の姿が浮かび上がってくる。

　通知表の形式は，学年や児童の実態に応じて記述の欄を調整する。低学年などには，すべてを記述することに重きをおかず，自己評価をさせた後に，ポイントを絞って話し合いの場を設定すると効果的である。

　資料として，その学期にあった行事一覧や写真，そのときに書かれた作文や日記などを持ち寄るようにするとよい。助けられたときの気持ちやだれかのためにがんばったときの気持ちなどを，具体的な出来事とともにじっくり思い起こさせ，話し合いの場に広げさせていく。

成果・子どもの反応

　自己評価という形で客観的に自分の生活を振り返る活動を通して，自身のがんばりや周囲の人とのかかわりの中で生かされている自分について少しずつ気づいていく。自己評定と同時に，「掃除のとき，教室の半分の机を一人で運びました」「友達が牛乳をこぼして机の下が真っ白になったのを，一緒にふいてあげました」など，がんばったことをあらためて文章化させることで，具体的にどんなことをがんばったのかを明らかにすることができ，自己イメージも高まり次の活動への意欲づけとなる。また，友達の話を聞くことが，次の具体的な行動の目標をもつ機会となる。

　さらに，人に助けられたことについて話し合うことで，さまざまな場面で周囲の人に助けられている自分に気づくとともに，自分の言動が人の役に立っていたことを知る機会ともなる。「消しゴムを忘れたとき貸してくれた」「おなかが痛かったとき保健室に連れて行ってくれた」「一緒に中庭で遊んでくれた」など，機会を与えられた子どもたちは，互いに助け合った場面を次々と思い出していく。

　振り返り，周囲の人とのかかわりの大切さや努力している自分，やればできる自分を発見する機会となることが，本時の大きな成果である。

小学生対象の内観

○ **個人差が課題**……内観に限らず，子どもたちの自己評価のスケールは千差万別。学習での自己評価でも，実際と自己評価との開きが気になる子どもがいる。発達段階に応じてワークシートの記入欄を調整する（あえて罫線は入れない，用紙を小さなものにして抵抗を少なくする，評価欄のみにしておき，後は話し合いで行うなど）ようにした。

○ **自己評価の著しく低い子には**……他の子どもからのメッセージや教師からのメッセージ，机間指導での声かけなどで補い，後は本人の評価を尊重するようにする。継続して繰り返すことで，子どもも要領を得て，生活に生かせる通知表ができるようになる。

○ **実生活に生きる内観の工夫**……本実践は，「内観すること」「内観で得られること」が明確な形になっていないが，小学校で繰り返し行うために，子どもの意欲を喚起できる活動として位置づけたい。

ぼくの 私の通知表				なまえ	
			学　期		
		よくできた ◎ できた ○ もう少し △	がんばったこと・できるようになったこと		だれかに助けられたこと・だれかを助けたこと
学習	国　語				
	社　会				
	算　数				
	理　科				
	音　楽				
	図　工				
	体　育				
	総合的な学習				
学校生活	係活動				
	そうじ				
	給食当番				
	クラブ				
	忘れ物				
	時　間				
	整理整とん				
	友人関係				
	学級会				

自分へのメッセージ	＿＿＿さんへのメッセージ	先生からのメッセージ

※いちばん下の欄は，自分自身のほか自由にだれかに書けるようにした。家の人への感謝をしっかりとさせたいときには，ここを家の人へのメッセージと指定する。

〔教室で行う内観・中学校〕

基本形・記録形式

かかわりウォッチング

築瀬　のり子

中学校全学年　特別活動　2週間
毎日の帰りの会を使って

今日一日を振り返り、だれのどんな言葉や行動がうれしかったり、自分のためになったりしましたか

特別なことでなくてささやかなことでいいんです

A男が朝から声をかけてくれた

けっこうたくさんあるものだ

● ねらい
・日々の生活の中で，自分と周囲の人々との間にさまざまなかかわりがあることに気づく。感謝の実感（内観）を育てる活動である。

● 活動の概要
・1週間目：「一日を振り返り，だれのどんな言葉や行動がうれしかったか」を思い出し，ワークシート（生活ノート）に記入する（月曜〜木曜）。金曜日の帰りの会では，1週間のまとめを行う。
・2週間目：「今日一日を振り返り，自分のどんな言葉や行動がだれに迷惑をかけたか，または逆に役立ったか」を記入する。

● 準備物
・ワークシート

展開例　かかわりウォッチング（2週間）

導入

①「『私たちは一人では生きられない。助けたり助けられたり，多くの人とかかわり合いながら生きている』ということをよく耳にします。ほんとうなのでしょうか。そこで，今週と来週は自分の生活の中にどんな人々とかかわりがあるのかを，具体的に探していくことにします」

活動1〔1週間目〕

②「まず今週は，うれしかったことやためになったことに注目して，自分と他の人たちのかかわりを探していきましょう。今日一日を振り返り，だれのどんな言葉や行動がうれしかったり，自分のためになったりしたかを探します。できるだけたくさんの人を探して，ワークシートの月曜の欄に記入しましょう」　＊毎日できるだけ違う人を記入。

＊前日の放課後から帰りの会までを「今日」として扱う。

＊一見いやなこともよく考えれば自分のためになっていたり，あたりまえになっているけどお世話になっている人も探させる。

③「今日は金曜日なので，1週間のまとめをします。探した人の名前を所属別に分けてワークシートに記入しましょう。また，感想を書きましょう」　＊一人一人の感想にコメントを記入する。

④「こうして書き出してみると，いろいろな立場のたくさんの人とかかわって生活していることがわかります。来週は別のテーマで探します」

活動2〔2週間目〕

⑤「今週は，迷惑をかけたことや役に立ったことに注目して，自分と他の人たちとのかかわりを探していきましょう。自分のどんな言葉や行動がだれに迷惑をかけたか，または逆に役立ったかを探して記入していきます」　＊活動1と同様に展開。

まとめ

⑥「人との関係は『してあげたり，してもらったり』さまざまです。それは目の前の人ばかりとは限りません。目には見えない人とのつながりに気づきながら，人とのかかわりを意識していきたいものです」

特色と生かし方

　内観は内観する相手を決めることから始まるが，他者とのかかわりが薄く，かかわる意欲さえもたなくなっている子どもたちには，その相手が限定されがちである。社会は見ず知らずの人々をも含めたくさんの人々のつながりで成り立っているが，そのかかわり合いが見えていないのが現状である。

　そこで，自分と他者とのかかわり合いに気づかせていく必要がある。学校は子どもたちの社会化を目的とするが，人とのかかわりを調べていく内観の追求の仕方を活用して，生活の中で人とかかわっているという意識を豊かにすることもまた重要である。たくさんの人々とのかかわり合いの中に自分の人生があるのだと意識されたとき，他者への感謝や自分の人生へのいとおしさが生まれてくるようである。

　日常でのかかわりを探すほかにも，部活動の大会や社会体験，修学旅行などの行事もかかわり探しのよい機会である。日ごろとは違うかかわり合いがあり，いろいろな人々とのかかわりに気づくことができるからである。行事のたびに時間をつくり，積み重ねていきたい。

成果・子どもの反応

　ワークシートの所属別分類を見ると，やはり友人が多かった。ただし，できるだけ同じ人を書かないという条件だったので，日ごろ一緒にいる友人から，他のメンバーにも目を向けた内容になった。また，部活動の先輩や後輩，塾の先生やそこでの友人，面白いところではコンビニエンスストアの店員さんなども登場していた。

　ある子どもは「友達以外はいないと思っていたのに，先生に『あたりまえのようになっているけれど，あたたかい気持ちにさせてくれる人はいないか』と言われ，会うたびに声をかけてくれる近所のおばあちゃんがいるのに気づいたときはうれしかった」と感想を書いた。

　また，「1週目のワークシートには友達が多かったけれど，2週目は先生とか家族とか大人が多くて甘えて生活しているなって気がした」と書いた子もいた。生活の中のさまざまなかかわりが見え始めたのだろう。

「かかわりウォッチング」（1週間目）ワークシート

1．今日一日を振り返り，だれのどんな言葉や行動がうれしかったか，また自分のためになったかをできるだけたくさん探して記入しましょう。

 月曜日（　　月　　日）
 だれ（　　　　　　）　内容（　　　　　　　　　　　　　　　　　　　）
 だれ（　　　　　　）　内容（　　　　　　　　　　　　　　　　　　　）
 だれ（　　　　　　）　内容（　　　　　　　　　　　　　　　　　　　）

 火曜日（　　月　　日）
 だれ（　　　　　　）　内容（　　　　　　　　　　　　　　　　　　　）
 だれ（　　　　　　）　内容（　　　　　　　　　　　　　　　　　　　）
 だれ（　　　　　　）　内容（　　　　　　　　　　　　　　　　　　　）

 水曜日（　　月　　日）
 だれ（　　　　　　）　内容（　　　　　　　　　　　　　　　　　　　）
 だれ（　　　　　　）　内容（　　　　　　　　　　　　　　　　　　　）
 だれ（　　　　　　）　内容（　　　　　　　　　　　　　　　　　　　）

 木曜日（　　月　　日）
 だれ（　　　　　　）　内容（　　　　　　　　　　　　　　　　　　　）
 だれ（　　　　　　）　内容（　　　　　　　　　　　　　　　　　　　）
 だれ（　　　　　　）　内容（　　　　　　　　　　　　　　　　　　　）

2．1週間のまとめ（金曜日　　月　　日）
 (1)上に記入した人々を所属別に分けましょう。

　　　　家族　　　　　友人　　　　　学校　　　　　地域　　　　　その他
　　自分

 (2)感想を書きましょう。

「かかわりウォッチング」（2週間目）ワークシート

1．今日一日を振り返り，自分のどんな言葉や行動がだれに迷惑をかけたか，または逆に役立ったかをできるだけたくさん探して記入しましょう。

　　　　　　　　（以下，上記1週間目ワークシートに同じ）

〔教室で行う内観・中学校〕

傾聴形式・記録形式

節目のピリオド

簗瀬　のり子

中学校全学年　特別活動　1時間
入学式後，立志式前後，卒業式前など，節目を契機に

このクラスは最高！
みんな
ありがとう

卒業式の前に

● ねらい
・入学，立志，卒業という人生の節目にあたり，過去のよかったことも残念だったことも，肯定的に受けとめ，今後の人生への意欲を高める。
・過去の事実を確認・整理して実感を生じさせる内観の方法を活用。
● 活動の実施時期および本時の展開（概略）
・活動の時期：1学年は入学式後2〜3週間内に，2学年は立志式前後に，3学年は卒業式前1〜2週間内に実施する。
・本時の展開：(1)振り返り項目に記入。(2)2人組によるインタビュー形式で伝え合う。(3)小学校(家族，中学校)への感謝をカードに書く。
● 準備物
・ワークシート

展開例　節目のピリオド（1時間）

導入

① （入学：1年生）「中学校にも慣れてきたね。小学校6年間の積み重ねの上にいまがあるので，中学生になったいま，あらためて小学校のことを振り返って心の整理をして，中学生としての自覚をもちましょう」

（立志：2年生）「今日を節目に精神的に自立した一個の人間になるのだと意識してほしいです。そこで，これまでの成長を支えてくれた家族のことを整理して心のけじめをつけましょう」

（卒業：3年生）「別れを思うと寂しいですが，すぐそこに新たなスタートが待っています。中学校のことを整理し，心にけじめをつけましょう」

＊印象的な出来事などの具体例を加えて話すとよい。

活動1〔個人〕

②「小学校生活（家族，中学校）を整理するために振り返り項目を作りました。ワークシートの1に記入しましょう」　＊小学校時代の不登校やいじめ体験などの有無を把握し，個別対応できるようにしておく。

活動2〔2人組〕

③「2人組になり，1の項目をインタビューし合いましょう。書いた内容を補足してこたえてもいいですよ」　＊役割を交代して同様に実施する。2人組はその学年，クラスの状況により工夫する。

活動3〔個人〕

④「これまでの成長を支えてくれた小学校（家族，中学校）に感謝の気持ちをこめたメッセージを，ワークシートの2に記入しましょう」
＊メッセージカードを別に用意すると掲示できる。

振り返り

⑤「メッセージカードを書き終えて，いまどんな気持ちですか。感想を聞かせてください」　＊数人の生徒に感想を述べてもらう。

まとめ

⑥「いろいろと思い出されましたね。それらはみんな土台となってあなたを支えてくれます。さあ，新たなスタートです」

特色と生かし方

　過去を肯定的に実感の伴った認識としていくことは，その後の人生への意欲を高め，ポジティブな生き方を身につけていくことになる。その過去を，具体的に事実を確認しながら整理するよい機会として，中学校の各学年の移行期（人生の節目）を活用する。

　1学年では，入学後のそろそろ落ち着いてきたころに小学校の整理を行う。小学校時代を過去のこととして納得しけじめをつけさせ，中学生となった誇りや自覚を確認させる。2学年では，人生儀礼でもある「立志」を家族や家庭での自分を振り返る機会にする。親に対して反抗的なこの時期に，家族とのかかわりに具体的に目を向けさせることは，自分の言動を冷静に見つめる機会にもなる。3学年では，卒業を前に中学校時代を整理し，あらためて充実感を抱かせる。高校入試の時期と重なるあわただしいときだが，卒業のけじめをつけさせるためにも実施したい。

成果・子どもの反応

　「いろんなことを思い出すと，みんなすごく楽しくてよかったと思う」と多くの子どもが小学校時代を振り返るが，なかには「最低だった」と言う子どももいる。いじめがその理由であることが多い。否定的な振り返りをした子どもには，否定的な感情を放置せず，個別に対応しケアすることが鉄則である。「そんなつらい体験をしながらもがんばりぬけたのはどうしてなの」と聞いていくと，家族や友人，先生などの支え，あるいは自分自身の忍耐などに気づいていき，いじめに区切りをつけられるようである。昼休みや放課後の会話や日記を通してのやりとりなどを，繰り返しゆっくり時間をかけて行うことが大切である。

　2年生の立志にあたっての実践では，立志式の日に両親に感謝の言葉を述べたという話を保護者からうかがったことがある。3年生の卒業にあたっての実践では，「このクラスは最高。〇組のみんなありがとう。絶対忘れない」「もめごとばっかりで先生を困らせてごめんなさい。でも，そのおかげで私もみんなも成長したといまは思う」などと自然と高揚感あふれるメッセージカードになった。

節目のピリオド〔中学校の入学式を終えて〕

1．中学生になったいま，あらためて小学校時代を振り返ってみましょう。次の質問に答えてください。
   ① あなたの卒業した小学校はどのような学校でしたか。
   ② 小学校でお世話になった先生方にはどのような人がいますか。
   ③ その中で，特に印象に残っている先生はだれですか。
   ④ 小学校6年間でできるようになったことはどのようなことですか。
   ⑤ 小学校で楽しかったことはどのようなことですか。
   ⑥ 小学校でつらかったことはどのようなことですか。
   ⑦ 小学校でがんばったことはどのようなことですか。
   ⑧ 小学校で好きだった場所はどこでしたか。それはなぜですか。
   ⑨ 小学校で得意だったことはどのようなことですか。
   ⑩ 小学校で仲よしだった友達はどのような友達ですか。
2．小学校へのメッセージを下に書きましょう。

　　　□□□小学校へ

　　　　　　　　　　　　　　　感謝をこめて（　　　）より

節目のピリオド〔立志式〕

1．立志は大人への節目の行事です。これまで家族にどのようなことでお世話になってきたか振り返ってみましょう。次の質問に答えてください。
   ① 病気になったときに看病してくれたのはだれですか。
   ② これまでにどのようなお祝いをしてもらいましたか。
   ③ 家族に言われたり，もらったりしたことでうれしかったことはどのようなことですか。
   ④ 家族にしかられたことはどのようなことですか。
   ⑤ 家族を悲しませたり，迷惑をかけたりしたことはどのようなことですか。
   ⑥ 家族を喜ばせたことはどのようなことですか。
   ⑦ 家族に日ごろよく言われていることはどのようなことですか。
   ⑧ 家族に日ごろ言い返したり，さからっていることはどのようなことですか。
   ⑨ 家族に日ごろどのような世話をしてもらっていますか。
   ⑩ 家族に日ごろどのようなことをして役立っていますか。
2．家族へのメッセージを下に書きましょう

　　　□□□へ

　　　　　　　　　　　　　　　感謝をこめて（　　　）より

※実際にプリントを作るときには，記入スペースをとる。
※卒業式前の場合のワークシートは，入学式のワークシートをもとにして，文中の「小学校」を「中学校」に変えるなどしてアレンジする。

〔教室で行う内観・中学校〕

行動内観形式

私の名前の意味

藤川　章

中学校1年　特別活動　2時間

● ねらい
・自分の名前にこめられた両親や祖父母の思いに気づくことにより，現在の自分への自己肯定感を高め，将来の生き方を考える。

● 単元全体の活動〔全2時間〕
・1時間目：(1)親のメッセージシートを読んで名前の意味を知り，ワークシートに記入する。(2)名前の意味に自分がこたえていることを記入する。(3)グループで互いにフィードバックし合う。(4)感想を記入してまとめとし，次回の手紙の準備をする。〔本時〕
・2時間目：名前の意味を知って，決意したことを手紙にまとめる。

● 準備物
・メッセージシート（教師から親，親から子），ワークシート

第5章　実践！内観エクササイズ

展開例　　私の名前の意味　（2時間中の1時間目）

導入　……………………………………………………………………

① 「私の名前の『章（あきら）』の意味を聞かされたのは中学校1年に入学したときでした（略）。……これから君たちの名前にこめられた意味を教えます」　＊生徒の自己開示を促すために，思い切り開示的に話す。

活動1〔個人〕　…………………………………………………………

② 「君たちのご両親が書いてくれたメッセージシートを読んで，どういう意味がこめられていたのかワークシートに記入してください」
　＊照れ笑いや，反発の声が上がっても，ここでは強くとがめない。

③ 「自分の名前の意味について，ご両親がそう考えた思いについて考え，ワークシートに記入してみましょう」　＊「私は，お母さんの気持ちは○○だったんだなぁ，と思った」など。私語はさせない。

④ 「次に，名前の意味に自分がこたえているなぁと思うことを記入します」

活動2〔グループ〕　……………………………………………………

⑤ 「グループになって，自分の名前の意味とそれにいまの自分がどうこたえているかを順番に発表してください」　＊教師が自分の例をあげる。

⑥ 「今度は，みんなから一人一人にその人が名前の意味にこたえていること，これからできることについて考えて伝えてあげてください」

振り返り　………………………………………………………………

⑦ 「いま，グループのみんなから伝えられたことをもとに，いまの自分がこたえていること，これからできることを考えて，ワークシートにまとめてみましょう」　＊これからできることは，できるだけ具体的に。

⑧ 「ワークシートにまとめてみて，いまどんな感じがしていますか。だれかに聞いてほしい人，発表してください」　＊数人に述べてもらう。

まとめ　…………………………………………………………………

⑨ 「今日は，自分の名前にこめられていた親の思いを知り，それに対して自分がこたえていること，これからできることを考えてもらいました。次回は，この考えをもとに伝えたいことを手紙に書きます」

特色と生かし方

　この授業では，保護者に，自分の子の名前をつけたときの思いを振り返ってもらう前に，保護者自身にも内観を促したい。下に示した依頼文の話を，親自身が自分の名前の由来について，考えるきっかけとしたい。保護者が，自分の親の思いを確認したうえで子どもへの思いを考えることができたら，素直なメッセージが生まれるはずである。それによってはじめて，子どもは自分の名前にこめられた思い（＝「してもらったこと」）と実際の自分（＝「して返したこと」）のギャップに抵抗なく気づくことができるようになる。

　このギャップの大きさから，子どもが「お父さん，お母さんに申し訳ない」という罪の意識にとらわれすぎることを防ぐために，友達からのアドバイスをもらえるように，授業の展開を配慮する。

　ふだん，気にもとめない名前の意味について，新鮮な思いで振り返るためには，保護者にも子どもにも，教師自身の自己開示が重要な意味をもつ。保護者に依頼文を書くときの例文を示す。

　「私の『章』という名前は，19歳で亡くなった母の兄の『あきら』という名に，父が『章』の字をあてたものです。母が大好きだった兄のやさしさを継いでほしいという思いがこめられています。父は文章を書くことが苦手だったようで，文章を書くことが得意な子になってほしいという思いから，文章の『章』の字をつけたということです。……」

成果・子どもの反応

　中学1年生は，思春期に入って親の干渉を嫌い反発する年ごろである。しかし，手紙の形で示される親の思いは，子どもにとって新鮮な気持ちで受け入れられる。「私（瑞枝），瑞々しい枝だって。どうかなぁ？」「銀河って，でかすぎる名前だよね」。そう教師に聞きに来る姿に，肯定してほしいけれど自信のない様子がうかがえる。「かっちゃんの『勝つ』って，そのまんまじゃん！」「大夢って，なんか格好いいし，これからって感じあるよね」。子どもたち同士が，お互いに名前のイメージをプラスの方向にふくらませてフィードバックする。教師がこれらを「友達

から伝えられて，うれしかったことは何ですか？」と確認することで，親から伝えられた思いは，子どもたちの中で肯定的に受けとめられるようになる。

　親が子どもの自立を願って，黙って見守ろうとするとき，子どもがこんな形で親のメッセージを受けとめてくれたら，親子関係は一歩前進するのではないだろうか。

「私の名前の意味」ワークシート

1．「私」の名前には，だれのどういう思いがこめられていましたか。
　　（お父さん，お母さん，おじいちゃん，おばあちゃんなど分けて書いてください。）
　　○お父さんは……

　　○お母さんは……

　　○（　　　　）は……

2．名前をつけた人が，そのときどんな気持ちであったか考えてみましょう。

3．名前の意味に対して，いまの自分がどれだけこたえているか，考えてみましょう。

4．グループで友達から言ってもらったことをもとに，まとめてみましょう。
(1) 名前の意味に対して，いまの自分がこたえていること

(2) いまの自分らしさを生かして，これからできること

5．自分の名前をつけてくれた人の思いを知り，考えた，「いま，この人に伝えたいこと」は何ですか。

〔教室で行う内観・中学校〕

記録形式・傾聴形式

新たな惑星へ
――大切な人に伝えたい別れの言葉

齊藤　優

中学校3年　道徳　1時間
単元「生命の尊さ・家族への敬愛の念」

帰還は30年後

いっぱい迷惑をかけてきたなあ

二度と会えないこともあるのか

大切な3人に伝えたい言葉を考えよう

● ねらい
・家族や身近な人々との長い別れに際して伝える言葉を考えさせ，自分に与えられてきた多くの愛情や恩恵を再認識させる。

● 本時の展開（概略）
・自分だけが地球を離れ，親しい人々と別れることになったという状況設定を行い，これまでの自分の人生を振り返る。
・お世話になった人や迷惑をかけた人から3人選び，別れの言葉を記入。
・ペアになり，だれにどんな別れの言葉を言ったかを語り合う。ペアごとに活動のシェアリングを行い，これからの人生について考える。

● 準備物
・ワークシート，BGM用音源（オルゴール音楽など落ち着いたもの）

第5章　実践！ 内観エクササイズ

展開例　　新たな惑星へ（1時間）

導入

① 「私たちは，もしかしたらもうその人に会えないかもしれないという別れのときには，それまでの自分自身や相手のことについて深く振り返ることでしょう。この時間は，自分だけが地球から離れ，親しい人々と別れることになった場面を想定したエクササイズをやりましょう」

② 「では，ワークシートをゆっくりと読んでみます」

活動1〔個人〕

③ 「あなたにとって大切な人，特にお世話になったり迷惑をかけたりしたと思える人を3人選んで，これまでの出来事をていねいに思い出してみてください。そして，その人たちにそれぞれどんな言葉を伝えたいか，ワークシートに書いてみましょう」　※書けずにいる生徒には，理由や気持ちを聞いて，活動できる範囲で参加させるようにする。

活動2〔グループ〕

④ 「近くの人とペアをつくって，片方の人が，だれにどんな別れの言葉を言ったか，ワークシートの内容を話しましょう。もう片方の人は，うなずきながら話を聞いてください。話が終わったら役割を交代してやってみましょう」　※できるだけ親しい生徒とペアをつくらせる。

振り返り

⑤ 「このエクササイズをやってみて，どんなことを感じたり，気づいたりしましたか。ペアの人と自由に語り合ってみましょう」

まとめ

⑥ 「大切な人と別れるというとき，どんな言葉が出てきたでしょうか。感謝の言葉でしたか。おわびの言葉でしたか。心の中にわいてきた気持ちをきちんと受けとめられましたか。そうしたら，この時間の活動をこれで終わりにしないで，今度は実際の生活に気持ちを移していきましょう。この1時間の活動から，今後，その3人の人たちとどのように接していきたいと思っていますか。この活動で確認された気持ちをきちんと受けとめて，これからのことを考えてみてください」

特色と生かし方

「臨終の内観」というワークがある。自分の臨終場面を想定して，家族や身近な人々に対して別れの言葉を考えるというものである。人は臨終のときに自分の一生を深く振り返るはずだから，まだ時間があるときに，死ぬときと同じようにして，自分を見つめ直すことも大切である。

本エクササイズでは，「臨終＝死」を「宇宙への旅立ち＝別れ」に変形している。ワークシートを活用し，気心の知れた相手とのペアワークによって，自分の感情を無理なく受けとめられるように構成し，子どもたちの心理的負担や抵抗を軽減できるように配慮している。

エクササイズの場面設定はファンタジーではあるが，子どもたちが想起する思いは，子どもたちの心の中にある現実のものである。実施するときには，子どもたちが無理なく自分の内面に向かっていけるように，教師が自分自身の気持ちを率直に語るなどして，ていねいなあたたかみのあるインストラクションを心がけたい。

また，「別れ」という微妙な状況を取り上げるため，本エクササイズを安易に実施することは避けたい。子どもたちの人間関係が十分に出来上がってから実施したい活動である。

なお，学習指導要領で本エクササイズのねらいとなるのは「道徳」の中の「生命の尊さ」「家族（父母，祖父母など）への敬愛の念」となる。

成果・子どもの反応

ペアワークでは「いままでほんとうにありがとう」「もう会えないかもしれないけどいつまでも元気でね」といった別れの言葉を話すだけにとどまらず，その背後にある相手との思い出や出来事をしみじみと語り合う姿が見られた。個人作業でワークシートに記入しながら，思ったことや感じたことを，リラックスした雰囲気の中で仲間とわかち合うことができたようである。エクササイズ後の振り返りでの発言。「これからは両親や家族に頼ってばかりいないで自分でがんばる」「親にはずっとこれからも元気でいてほしい」「もう会えないかもしれないと思っていると，涙がこみあげてきた」「いま，家族と一緒にいられることが幸せ」。

「新たな惑星(ほし)へ」ワークシート

◎2XXX年，あなたは新しい惑星での人類ステーション建設に向けて出発する宇宙船ミーミアの乗組員の一人に選ばれました。これは非常に名誉なことなのですが，30年間の長期にわたる任務が待っています。ひょっとしたら，生きている間に地球に戻ることができないかもしれません。家族や親しい人たちと再会できない可能性もあるのです。

◎出発の日，家族や親しい人たちがあなたのために集まってきてくれました。あなたは，その人たちに一人ずつ「別れの言葉」を言おうと思っています。お世話になったこと，迷惑をかけたことなど，たくさんの思い出を胸に，あなたはみんなのところへ向かいました。ところが，緊急に軌道を変更しなければならなくなり，その関係で出発時間が早まってしまいました。出発までの時間が迫っています。3人だけにしか別れの言葉を言うことができません。さて，

1．まず，最初に，だれにどんなことを言いますか。

2．2番目には，だれにどんなことを言いますか。

3．3番目には，だれにどんなことを言いますか。

4．このエクササイズをやってみて，あなたはこれからの人生をどう生きていこうと思いますか。

5．ペアの人と，エクササイズの感想や気づいたこと，感じたことを自由に話し合ってみましょう。

【参考文献】 國分康孝監修，縫部義憲編著『教師と生徒の人間づくり』第1集，歴々社より「地球脱出」

〔教室で行う内観・高校〕

記録形式

○○さんに対する私

飯野　哲朗

高校1年　国語　2時間

単元「作文・○○さんに対する私」(表現)

1時間目

（佐藤君のことを信用していたんだね）

（こんなことも許してくれていたんだ）

2時間目

（作文しやすいな）

（思い出したことはこんな意味があったのか）

● ねらい

・特定の人に対して自分がどんな接し方をしてきたかを思い出し，その人に対して自分がどんな人間であったかを探る。

● 活動の概要〔全2時間〕

・1時間目：お世話になった人について思い出す〔本時〕。(1)お世話になったことや迷惑をかけたこと，お返しをしたことを，ワークシートに記入する。(2)グループ内で発表し，その人が発表者にとってどんな人かを語る。(3)その人は自分にとってどんな人かを考える。

・2時間目：「Aさんに対する私」(600～800字程度)を書く。

● 準備物

・ワークシート，原稿用紙（各自3枚），国語辞典

> **展開例** ◆ ○○さんに対する私 （2時間中の1時間目）

> **導入**

① 「この時間は作文の準備をします。ある人と自分がどんなかかわりをもってきたかを考えます。自分はどんな人間であるかを考えるヒントを得たいと思います」
＊自分を見つめることが苦手な生徒もいる。反応を見ながら補足。

> **活動1〔個人〕**

② 「自分にかかわりのあった人で素直にお世話になったと思う人（Aさん）を一人選んで，ワークシートの1のところに書き込んでください」
＊特別な人ではなく，父親や母親でもよい。教師が例を語る。

③ 「自分が選んだ人に『お世話になったことや迷惑をかけたこと』『お返しをしたこと』を思い出して，ワークシートに書いてください」
＊教室を回って支援する。

> **活動2〔グループ〕**

④ 「グループになり，それぞれ書いた内容を説明し合ってください」

⑤ 「説明を聞いて『そのメンバーにとって，Aさんはどんな存在であったと思われたか』『Aさんにとって，そのメンバーはどんな存在であったと思われたか』，感じたことや気づいたことを言ってください」
＊話しにくい内容は概略を伝えて，細部は話さなくてもよい旨を話す。

> **振り返り**

⑥ 「グループの人たちの意見も参考にすると，あなたにとってAさんはどんな人だったと思いますか。また，Aさんにとってあなたはどんな存在であったと思いますか。さらに，この時間の活動を通して，感じたことや気づいたことを，ワークシートの3のところに記入してください」　＊感想の記入は考える活動になる。苦手な生徒には，ワークシート（参考：言葉の例）などを利用して個別指導をする。

⑦ 「○○さん，ワークシートに記入してみて，どんな気づきがありましたか。感じたことや気づいたことを聞かせてください」
＊数人の生徒に感想を述べてもらう。

まとめ

⑧「今日は，ある人を特定して，その人にお世話になったことや迷惑をかけたこと，自分がお返しをしたことを思い出してもらって，『その人に対する自分のあり方』を考えてもらいました。むずかしかった人もいたようですが，みんなよく考えてくれていました。次回の授業は今日の内容を作文にします」

＊この時間に行ったことを確認し，次回の作文について予告する。

特色と生かし方

　ワークシートを利用すると，生徒はその時々の課題が理解しやすく，作業をこなすといった雰囲気で取り組むことができる。意欲的な生徒の多いクラスでは，ワークシートを使わずにノートやカードを利用して過去の事実を記録し，作文の資料とすることも可能である。

　作文を書くことが苦手な生徒には，作文形式例を提示して，全体の骨格をつかんでもらって，作文しやすいように配慮する。自分の判断で作文する部分を，生徒の意欲や国語力に応じて調整するとよい。

成果・子どもの反応

　生徒は「あれは自分がやったんだ」と具体的に過去を探り，「だったらほんとうはこうなんだ」といまの自分のあり方について再考するようになる。人間関係においても，「なんとなく」と視点の定まらないとらえ方であったものが，お世話になったことや迷惑をかけたこと，お返しをしたことについて思い出していくことで，関係を具体的に見つめる視点が定まってくる。

　本時は，「私について」という作文の資料集めとしての意味がある。本来は，性格や社会性，自分の身体感覚や名前に対するイメージについて探るなど，自分を見つめる多様な作業と組み合わせるとよい。

「○○さんに対する私」ワークシート

1．だれ（＝Ａさん）に対する自分について思い出しますか？
　　Ａさん＝（　　　　　　　　　　　）さんに対する自分について

2．次の２つの項目について，印象的な出来事を，５Ｗ１Ｈの要領で具体的に思い出して，事実を簡略に記録してください。
(1) Ａさんに「お世話になったことや迷惑をかけたこと」にはどんなことがありましたか？
　① いつのことでしたか？　（　　　　　　　　　　　　　　　　　　　）
　② どこでのことでしたか？（　　　　　　　　　　　　　　　　　　　）
　③ どんなことでしたか？　（　　　　　　　　　　　　　　　　　　　）
　④ どうなりましたか？　　（　　　　　　　　　　　　　　　　　　　）
　⑤ 上記の①〜④を記入して，どんな感想がありますか？
　　（　　　　　　　　　　　　　　　　　　　　　　　　　　　　　　）
　⑥ ほかにもお世話になったり，迷惑をかけたりしたことがありますか？
　　　たくさんある　　何度かある　　あまりない　　まったくない
(2) Ａさんに「お返しをしたこと」にはどんなことがありますか？
　① いつのことでしたか？　（　　　　　　　　　　　　　　　　　　　）
　② どこでのことでしたか？（　　　　　　　　　　　　　　　　　　　）
　③ どんなことでしたか？　（　　　　　　　　　　　　　　　　　　　）
　④ どうなりましたか？　　（　　　　　　　　　　　　　　　　　　　）
　⑤ 上記の①〜④を記入して，どんな感想がありますか？
　　（　　　　　　　　　　　　　　　　　　　　　　　　　　　　　　）
　⑥ ほかにもお返しをしたことはありますか？
　　　たくさんある　　何度かある　　あまりない　　まったくない

3．上に書いた２つの項目(1)と(2)を思い出してみて，感想を記入してください。
(1) あなたにとって，Ａさんはどんな人であったと思いますか？

(2) Ａさんにとって，あなたはどんな人であったと思いますか？

(3) その他，全体を通して，感じたこと，気づいたことがありますか？

〔参考：言葉の例〕
親切な　誠実な　やさしい　頼りになる　支える　いつくしむ　心が広い　包容力のある　寛容な　慈悲に満ちた　救う　導く　あたたかい　人情味のある　人のことを優先する　ほっとする　安心感のある　安堵できる　落ち着く　大切な　かわいい　いとおしい　目に入れても痛くない　なくてはならない　成長させる　守りたい　育てる　必要な　失いたくない　など

※実際のワークシートでは記入欄を大きくとる。

〔教室で行う内観・高校〕

心の掟

傾聴形式

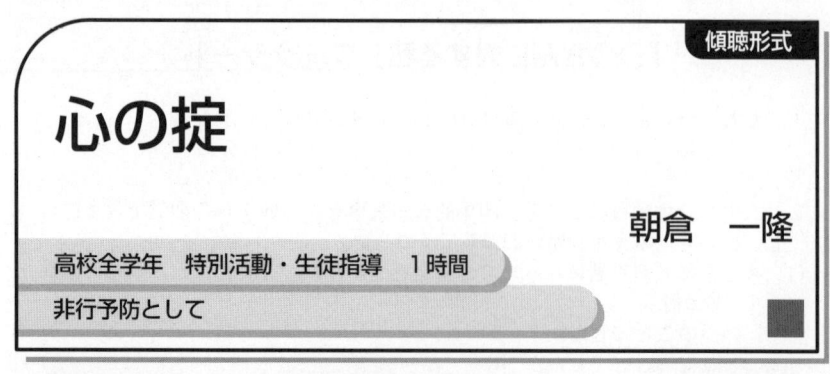

高校全学年　特別活動・生徒指導　1時間
非行予防として

朝倉　一隆

● **ねらい**

・心の中にある自分なりのルールである「心の掟」を思い出させたり，気づかせたりすることによって，問題行動等を未然に防止する。

● **本時の展開（概略）**

・教師が自分の内観に基づいた「心の掟」について自己開示を行う。
・「迷惑をかけたくない人や悲しませたくない人」「その理由」「そのために守ってきたこと」「心の掟」についてワークシートに記入させる。
・相手の「心の掟」を聴いて気づいたことや感じたこと，さらに自分自身の「心の掟」が，だれを対象とした「心の掟」なのかを記入させる。

● **準備物**

・ワークシート

展開例 　◆　**心の掟（1時間）**

導入 ………………………………………………………………………

① 「自分の心に聴いてみよう。自分の心の中に大切にしている自分なりのルール，つまり『心の掟』があるよね。それを思い出してみましょう」「いまから先生が自分の『心の掟』をみなさんに話します。それを聴いて，自分にはどんな『心の掟』があるのか考えてください。どんな小さな掟やルールでもかまいません。私は……」
　　＊例示する人に対する教師の内観を述べ，自分の「心の掟」について話す。

活動〔個人・グループ〕 ………………………………………………

② 「目を閉じて，自分の心に聴いてみてください」「この人にだけは，絶対に迷惑をかけたくない，悲しませたくないと思う人を1人思い浮かべてください」　＊父親でも母親でも先生でもよい。やさしく語る。
③ 「まず，いままでその人に『お世話になったこと，つらい思いをさせたこと』を中心に考えてください」
④ 「次に，その人に迷惑をかけたり，悲しませたりしないために，自分自身が守ってきたことは何だったか考えてください」
⑤ 「静かに目をあけて，『迷惑をかけたり悲しませたりしたくない人』『なぜ，その人が迷惑をかけたり，悲しませたりしたくない人になったのか』『自分の心に約束して守ってきたこと』をワークシートの1〜4の部分に記入してください」　＊一つ一つ考える時間を与える。
⑥ 「2人組になって，ワークシートを見せながら，自分の心の掟を話し合ってください」　＊教室を回り，状況を確認し，質問を受ける。

振り返り・まとめ ………………………………………………………

⑦ 「相手の心の掟を聴いて感じたことをワークシートの5に記入して，伝えてください」「何か気づいたことや新たに気づいた心の掟があればシート6と7に記入してください」
⑧ 「今日は，心の中でずっと守ってきた掟を見つめてみました。どんな小さな掟でも大切に守ることが思いやりにつながります。また，あなた方が間違った行為をすることで，悲しむ人がいることも考えてもら

いました。今日考えたこと，感じたこと，気づいたことを忘れずに生活してほしいと思います」

特色と生かし方

本エクササイズは内観の応用である。教師の内観に裏づけられた自己開示に促され，生徒が十分に内観的な思考をすることで，「心の掟」が実際的なものになっていく。「心の掟」は，他者との関係に焦点化されることが必要だからである。事前に内観を体験しておくといっそうよい。

また生徒が自発的に自らの心を見つめるには，内観に支えられた教師の「心の掟」を自己開示することが重要である。私は以下のように行う。

「私の母は，いつも人を思いやる母である。私は，小学生のころ，母が修学旅行に行ったときの話を祖母から聞いた。事情があり，母は小遣いを持っていなかった。そのため入場料を払うことができず，全員で見学する場所に，母一人だけ入れなかったそうである。そのとき，みんなに心配をかけたくない母は，最後まで入口にたたずみ，みんなが入ったのを見て，外を回り出口に行き，みんなより早く出てきたように装ったそうである。私は，このように，いつも相手に心配をかけないように配慮している母を悲しませたくない。そのころから私は，自分が我慢して周りに迷惑をかけず生きている人が，悲しい思いをしているのをそのままにはできないと思うようになった。その後，教師になっても，いじめなどによって悲しい思いをしている生徒をそのままにはできない。『いじめは，許さない』。これが私の心の掟である」と。

成果・子どもの反応

暴走行為を繰り返す生徒の中にも「俺は，いじめだけはしない」「母親だけは，悲しませたくないんだ」という掟をもっている生徒がいた。この生徒は，その後，指導を受け入れてくれた。このように，問題行動から立ち直っていく生徒は，自分なりの「心の掟」をもっている。

多くの生徒はこの掟に気づいていないようで，問題行動が発生する前に心の掟を明確化させたり，新たに作りあげたりすることが，他者に対する思いやりを育てることにつながり，非行の予防となる。

「心の掟」ワークシート

1．この人だけには，迷惑をかけたくない，悲しませたくないと思った人はだれですか。

2．それはなぜですか（①いつごろから，②どのようなきっかけで，③なぜそう思ったのですか）。

①	いつごろから

②	どのようなきっかけで

③	なぜそう思ったのですか

3．迷惑をかけたくない人，悲しませたくない人のために，これだけは，自分自身が守ってきたことは何でしょう。

4．自分自身の心の掟をまとめて記入しましょう。

私の心の掟

振り返りシート

5．相手の人の心の掟を聴いて，感じたこと，気づいたことを記入してください（共通しているところ，新たに気づいたこと，考えたこと，思い出したことなど）。

6．最後にもう一度考えてみましょう。今日考えた心の掟や新たに気づいた心の掟，さらに今日から始めようとする心の掟はだれのことを考えた掟でしょうか。

私の心の掟は，＿＿＿＿＿＿＿＿＿＿＿＿＿＿＿のことを考えた掟です。

7．全体を通して気づいたこと，感じたことがあれば記入してください。

〔教室で行う内観・高校〕

ロールプレイ形式（応用）

内観ロールプレイ

飯野　哲朗

高校生(小学生〜大学生，教職員，一般)　特別活動　1時間

お世話になった人の話　　話した人（A）になりきって内観する

（厳しかった先輩「遅い！」）
（先輩のおかげで，その後のつらい練習にも耐えられるようになった）
（そうだな…）

A　　　C　B　A

● ねらい

・他の人の内観にふれて，さまざまな内観の形を知り，自分自身の内観を深める。

● 本時の展開（概略）

・3人グループをつくって，順番（A，B，C）を決める。
・最初のAの人が，いままでにお世話になった人について説明する。
・Aは自分の内観を行い，B，CはAになったつもりで内観を行う。
・B，Cが内観したことを説明し，最後にAが自分の内観を説明する。
・気づいたこと，感じたことを，グループでシェアリングする。
・Bについて，同じように　　　　　を行う。Cについても同様に。
・全体の振り返りと教師のまとめを行う。

【参考】「自己啓発」（二十）楠正三（やすら樹 №25＜自己発見の会＞）

展開例 ◆ **内観ロールプレイ（1時間）**

導入

① 「この時間は，お世話になった人のことを思い出します。それをグループのみんなで内観します。つまり，お世話になった人のことを説明したメンバーになったつもりで，内観します。これを内観ロールプレイといいます。他の人の内観にふれて，いろいろな内観の形を知り，自分の内観を深めていきましょう」

＊事前に，基本形などの内観のエクササイズを実施することが望ましい。

活動〔グループ・エクササイズ〕

② 「3人のグループをつくってください」

③ 「お世話になったどの人のことを話題とするか考えてください。グループのメンバーにも内観してもらいますから，メンバーに話のできる『お世話になった人』を考えてください。

　例をあげましょう。私がお世話になった人というと，高校のときの吉田先輩のことを思い出します。1年生のとき，部活動の合宿で，吐き気がして寝込んでしまったことがありました。すると，いつもは厳しい吉田先輩が，頭を冷やしてくれたり背中をさすってくれたりして，つきっきりで看病してくれました。おかげで，次の日には何とか動けるようになりました。吉田先輩がやさしくしてくれたという記憶はそのときだけなのですが，鮮明に記憶に残っています」

＊他の人に話しにくいものは，無理に話題としないように指示する。

④ 「お世話になった人の話をする順番を決めてください。順にABCとしてください」

⑤ 「では，Aの人は，自分がお世話になった人はどんな人か，その人とはどんなエピソードがあるか，他のメンバーに説明してください。時間は2分間です」　＊教室を回って，状況を確認し，質問に答える。

⑥ 「いまから，Aの人は自分の内観をします。B，Cの人は，Aさんになったつもりで，『お世話になった人に対するAさん』の内観を行ってください。時間は3分間です。始めてください」

⑦「時間です」 ＊話が切れてしまわないように，ゆとりをもって合図する。
⑧「B，Cの人から自分が内観したことを話してください。B，Cの人が終わったら，Aの人が自分の内観したことを話してください。それぞれ1分で，3人で3分です」
⑨「は～い。そこまでです」
　＊ここでも話が切れてしまわないように，ゆとりをもって合図をする。
⑩「3人のグループで振り返りを行います。感じたこと気づいたことを自由に話し合ってください。時間は2分間です」
⑪「は～い。そこまでにしましょう」
　＊ここでも話が切れてしまわないように，ゆとりをもって合図をする。
⑫　以下，B，Cの人について，⑤～⑪の流れで繰り返す。時間は1人につき10分ほどとなる。

振り返り

⑬「全体の振り返りを行います。いくつかのグループに，自分自身の内観をして，また他の人の内観をして，あるいは他の人に自分の内観をやってもらって，感じたこと気づいたことを話してもらいましょう」
　＊自発的に感想を述べようとするグループや，途中の観察で，一般性のある振り返りがなされているグループに，感想を述べてもらうとよい。

まとめ

⑭「この時間は自分の内観を，他の2人のメンバーにも行ってもらいました。メンバーの内観を聞いて，いろいろな内観のテーマややり方が発見できたのではないでしょうか」
　「他の人になったつもりで行った内観を報告しようとするときには，自分の内観を早く伝えたいという様子が伝わってきました。他の人の内観を聞いて，そんなこともあるんだと感心している様子もうかがえましたね」
　「自分が内観するときの参考にしたいですね」
　＊まとめでは，本時の活動のねらい，教師から見た生徒の活動の様子，今後の展開，期待について述べておきたい。

特色と生かし方

　内観ロールプレイは，他のメンバーの発想に学び，自分の生活や人生を，さまざまな視点から見つめ直すことのできる活動である。

　他のメンバーになったつもりで内観を行うことで，また他のメンバーが行ってくれた自分の内観を聞くことで，人生にはそんなこともあるんだ，ある出来事を考えるにしてもそんなふうにも考えられるんだ，という発見がある。自分が知り得なかった人生の姿に気づかされたり，内観のテーマや内観の仕方を発見させられたりすることが多いものである。

　内観ロールプレイの応用として，小説・物語，新聞記事の一場面を，登場人物・当事者になりきって内観するという実践もある。例えば，新美南吉作の『ごんぎつね』（小学校の国語の教材）に登場する兵十になりきって，きつねの「ごん」に対する自分について内観するなどである。

　生徒にとっては，自分自身について内観することに比べると，冷静にゆとりをもって実施できるという利点があるようだ。

成果・子どもの反応

A「人のことについて内観できるものかと思ったが，意外に抵抗なく行うことができた。メンバーの一面が見えた気がする」（高校3年生）

B「他の人に自分のことを内観してもらうのは恥ずかしかったが，内観の内容を聞いて，はっとさせられることがあって，よかったと思う。またやってみたい」（高校3年生）

C「他の人の内観の報告を聞くと，自分にはこだわりがあって，そんなことは言えないということがあった。でも，第三者から見ると，そうした考え方が必要なんだろうなと，考えさせられた」（高校3年生）

　＊他の人になりきって内観することで，内観の仕方が客観的に理解できるという利点があるようだ。ただ，評論的，第三者的な内観にとどまらず，自分自身の内観に生かしていくように指導することが大切である。

〔さまざまな場面で行う内観〕

基本形・傾聴形式

親からの手紙
――宿泊行事における内観

鹿嶋　真弓

中学2年　特別活動　2時間

親からの手紙を読む　　小さかったころを思い出す　　気持ちを語り合う

「あなたは夜中によく泣く子で…」　「お母さんは夜によく背中をさすってくれた」　「へ〜 いいお母さんだね」

● ねらい
・自分の行動を振り返り，自分に寄せられている親の思いに気づく。

● 単元全体の活動
・事前…宿泊行事の事前保護者会で「親からの手紙」を協力依頼。
・当日…教師による内観の提示，「親からの手紙」を読んで内観。〔本時〕
(1)生徒全員で親に対する教師の思い出話（内観）を聴く。(2)「親からの手紙」を受け取って静かに読み，内観に入る。(3)しおりに，いまの気持ちを書く。(4)クラスごとに各部屋に移動し，2人組になり気持ちを語り合う。(5)クラス全員で感じたことや気づいたことをわかち合う。

● 準備物
・保護者会での配布用紙（133ページ），親（身近な人）からの手紙

第5章 実践！内観エクササイズ

展開例　親からの手紙　（2時間）

学年全員の集会 ・・
① 教師が親に対する思い出話（内観）を語る。
② 「実はみなさんにプレゼントがあります。お金では買えないものですが，私は残念ながらもらったことがありません。お家の人からの手紙です。いまから一人一人に渡しますので，壁に向かうなりして自分一人の世界をつくり，静かに読んでください」
＊一瞬騒がしくなるが間をおくと落ち着く。雰囲気づくりが大切。
＊手紙を読んで泣き出す子どもには，言葉かけはせず（または最小限にとどめ）子どもの感情を共有する面持ちでそっと肩に手を置く。
③ 「みんなが小学校入学前の小さかったころ，あなたが『お世話になったこと』『して返したこと』（お返しをしたこと）そして『迷惑をかけたこと』について，家族のだれか一人（親や祖父母など）に絞って思い出してみましょう」
④ 「思い出してみて，感じたことや気づいたことをしおりの感想のページに書いておきましょう」

活動1〔2人組〕クラス単位で畳の部屋に移動（常夜灯のみ）・・・・・・・・
⑤ 「自分のいまの気持ちをこの人に聞いてほしい，と思う人と2人組をつくって静かに座って待っていてください」　＊グループづくりに配慮。
⑥ 「どちらからでもいいですから，いまの気持ちを話してください。話せる範囲で構いません，聞く人は一生懸命に聞いてあげてくださいね。話が終わったら役割を交代します。時間は全部で15分間です」

活動2〔クラス全員〕大きな輪をつくり，輪の中心をむいて座る・・・・
⑦ 「2人で話してみて感じたことや気づいたことをクラスの仲間とわかち合いたいと思います。だれからでもいいです。話してみてください」
⑧ 「静かに目を閉じてください。気持ちを落ち着けましょう。電気をつけますね。はい，ゆっくりと目をあけてください。この大切な気持ちをしっかりとしおりに書いておきましょう」　＊静かな雰囲気づくり。
⑨ 「小さかったころを思い出してもらいました。家の人の気持ちをじっくりと受けとめられたようですね。毎日続けられるといいですね」

特色と生かし方

　宿泊行事という平素とは異なる生活環境を最大限に生かす。家族と離れている夜だからこそ，自分と他者（親や家族）との関係をより深く見つめることができる。

　導入で教師が，自分の内観を通して，幼いころの家族と自分とのことを具体的に，そのときの思いも一緒に語れる範囲で語る。子どもは教師の内観と同じ深さの内観をしようとするので，このときの内観は，幼少時にありがちな内容にとどめ，深くなりすぎないよう注意する。子どもは教師の内観を聞くことと，親からの手紙を読むことで，内観しやすくなる。「親からの手紙」を子どもが受け取るという一般的な実践の導入部分に，教師が子どものころのことを話す形で，内観の技法を活用している。

成果・子どもの反応

　壁に向かう子，床にはいつくばる子，ピアノの下にもぐり込む子など思い思いの場所を見つけ，親からの手紙に読みふける。鼻をすすりながら手紙を読んでいる子，じっと一点を見つめる子がいる。読み終えて，「先生も読んで！」と手紙を担任に差し出す子もいる。愛され大切に育てられてきた様子が，手紙から読み取れる。子ども同士も互いに手紙を交換し読み合っている。手紙の裏にその日の日付と「ぼくの宝物」と書き記す子やしおりに黙々といまの気持ちを綴っている子もいる。しおりを見ると次のようなことが記されている。「反抗期だからって許されるわけじゃない。もう，『ばばあ』って呼ぶのはやめよう」「家に帰ったら『ただいま』じゃなくて『ありがとう』って言うんだ」「いままでたくさん心配かけたのに，自分からは何もして返していない」「いままでは面倒がっていたけど，買い物くらい手伝おう」などなど。

　この学年は，入学当初より落ち着きがなかったが，先生方からは「この子たちのこんな素直な顔，いままで見たことがなかったね」という声が聞こえた。いままで斜に構えていた子どももこのときを境に，少しずつ本音で語り合えるようになった。この学年では，卒業のときに，親へ『感謝の手紙』を贈っている。

第5章 実践！内観エクササイズ

```
                                    平成〇〇年〇月〇日
 2学年保護者の皆様
                                2年部学年主任　〇〇〇〇
```

移動教室での「親からの手紙」について（お願い）

　〇〇の候，皆様にはいかがお過ごしでしょうか。日ごろ，本校の教育活動につきまして，ご理解とご協力をいただき感謝申し上げます。
　さて，先日の保護者会でお願いをさせていただきましたが，「移動教室」2日目の夜に，子どもたちに保護者の方からの手紙を読んでもらい，自分自身を振り返る時間をもちたいと思っています。趣旨をご理解いただき，下記の要領でご協力をお願いいたします。
　なお，ご不明な点がございましたら，担任まで連絡をお願いいたします。

記

1．手紙の内容
　子どもたちが，今後の生活に希望をもつことができるように，お子様に対する保護者の方の「願いや期待，励ましの言葉」を書いてください。
2．手紙の書き方
　① 用紙，文章の長さ，形式等は自由です。手書きのほうが，子どもたちは喜びます。
　② 表現は「～しよう」「～をはじめよう」というような肯定的な表現を使って，「～しない」「～はやめよう」というような否定的な表現は避けてください。
3．手紙の封の仕方
　手紙は封筒に入れて，表面にお子様の名前を書いて，封をしてください。その封筒を，さらに別の封筒に入れ，封をしてください。
4．手紙の提出
　提出は〇月〇日までに担任にお届けください。

> 　① 8時～18時までに，直接学校へお届けください。
> 　② 生徒を通じて担任に渡してください（中身がわからないようにしてください）。
> 　③ 同学年の近所の方にお願いして一緒に届けてもらってください。
> （注意）郵送は出発までに届かない恐れがありますので避けてください。

5．その他
　① 保護者の方が手紙を書けないときは，祖父母やお兄さんお姉さんにお願いしてください。手紙自体が作成できないときには，担任に連絡をお願いいたします。
　② 担任を含め，他人が手紙を無断で読むことはありません。
　③ この件についてお子さんは何も知りませんので，文章を書くときや他の保護者の方とお話なさるときなどは，お子さんに知られないように注意してください。
　④ 「移動教室」では，子どもたちに手紙を一人で静かに読んでもらいます。その後，いままでに保護者の方に「お世話になったこと，お返しをしたこと，迷惑をかけたこと」について思い出してもらいます。いままでの自分，いまの自分，これからの自分を見つめるきっかけにします。

（連絡先）＊＊＊中学校　電話番号＊＊＊＊＊＊

〔さまざまな場面で行う内観〕

傾聴形式・記録形式

初めてわかった母の思い

丸山　尚子

中学校　生徒指導

（お母さんにお世話になったことは？）（万引きした店に謝りに来てくれた）→（どんな様子だったか詳しく教えて）（お母さんもつらかったと思うよ）

● **ねらい**
・非行を繰り返す生徒（A子）の，母親に対する思いを明らかにするために「内観」を活用した指導。

● **生徒指導で内観の活用が有効なとき**
・このままではいけないという気持ちが子どもにある（出てきた）場合。
・子どもの事実の受けとめ方に偏りがある場合。
・対人関係の問題が背景にある場合　など。

活用している「内観のエクササイズ」のパターン
・記録法によるメモ内観（77ページ）
・傾聴形式（74ページ）を使った面接内観

第5章　実践！内観エクササイズ

内観を行うまでの経緯

　中学3年生のA子は，もともと明るい性格で，学校行事ではクラスのリーダー的存在だった。しかし，2年生になるころからシンナー，不純異性交遊，万引き，家出など，問題行動を繰り返すようになった。

　A子の家族構成は，母と2歳上の姉，2歳下の妹である。A子の姉妹ともに問題行動がみられた。父親は行方不明で，母親が1人で3人の娘の面倒をみている状況であった。担任は母親とたびたび面談を行い，A子への対応を一緒に考えていた。

　夏休み間近のこと，A子はバイクの窃盗で補導され，警察から学校に連れてこられた。担任や生徒指導担当には素直に応じていたA子だが，母親が来るととたんに表情が硬くなり，母親のほうは，どうしていいか困惑している様子だった。

　担任はA子を別室に移して「お母さんに何か言いたいことがあるの」と聞くと，「お母さんは，もうやっちゃだめだよって言うだけで……。私をしからないの」と言った。母親にしかってほしい，心配されているという実感がほしい，という気持ちが伝わってくるようだった。

内観を使った面接の計画と提案

　後日，担任と学年主任，生徒指導担当で対応を話し合い，A子に，母親とA子のこれまでのかかわりを考えさせることで，母親の気持ちを理解させようと，内観の手法を使った面接を行うことにした。

　まずA子に先日のことを詳しく聞くと，「お母さんが私をしからないのは，姉や妹のほうが大事だからだ」という内容のことを話した。

　担任が「先生と一緒に，もう一度，お母さんとAさんのことを考えてみないか。いまはまだわからないけれど，いままで思っていたことと違うことがわかるかもしれないよ」と投げかけると，A子から「いまは何やっていいかわからないから，やってもいい」という返事が返ってきた。

内観を使った面接指導の実際

　そこで，担任と面接の形で内観を行った。A子にそれが内観であるとは伝えずに，「お母さんに，お世話になったこと，お返しをしたこと，

迷惑をかけたこと」をメモにし，それをもとに具体的にインタビューしながら思い出してもらうことにした。

内観を使った面接を行うにあたって，事実を思い出すことを説明し，感想を話題とするのではなく，具体的な出来事を思い出すことについて確認した。

○ メモ内観から面接内観へ

A子のメモの内容（抜粋）

- 「迷惑をかけたこと，お世話になったこと」……万引きをした店に謝りに来てくれた，お母さんに「うるさい」と反抗した，家出したとき迎えに来てくれた，水泳大会のとき送ってくれたなど。
- 「お返ししたこと」……ご飯を作った，母の日に花をあげたことなど。

こうしたA子のメモの中から，担任は具体的に聞いていった。

「万引きをした店に謝りに来てくれたこと」については，A子は話すうちに謝っている母親の姿を思い出し，頭を下げて「ほんとうにすみません。私のしつけが悪いばかりに，申し訳ありません」と実際にそのときの様子を何度もやって見せた。「お母さんになって頭を下げてみるとどんな感じがする？」と聞くと，「私だったらできない。店の人にはひどいこと言われるし。お母さんもつらかったと思います。いやなことを我慢してやってくれて，かわいそうだと思いました」と語った。

また，「お母さんに『うるさい』と反抗したこと」について聞くと，「私がご飯を食べないから，お母さんが『しっかり食べなさい』って何度も言いました。私が『うるさい』って言うと，お母さんは黙って私を見ていました。目には涙がたまっていました。私はシンナーとかやっていて調子悪かったし，心配していたんだと思います。私はとことんお母さんに意地悪をして，苦しめて，ひどい子どもだったと思います」と話した。

内観の手法では，それがよかったとか悪かったなどという評価から始めることはしない。5W1Hの要領で事実を思い出してもらう。しかし，具体的な出来事を思い出していくと，自分の身勝手な解釈が事実をゆがめていたことに気づいていく。その結果として，A子は，母親をつらい

めにあわせておいて，それでも満足しなかった自分に直面し，母親に対して申し訳ないという気持ちが生まれてきたようだった。

○ 母の思いを理解していったA子

指導の最後に，A子に作文を書いてもらった。

「お母さんは，私のことでいつも学校に呼ばれる。でも，いつも『もうこんなことやっちゃだめだよ』って言うだけで，しかってくれなかった。お姉ちゃんのときは大声でしかっていたのに，私のことは心配じゃないと思ってた。でも，いままでのことを思い出したら，お母さんは私のことを面倒みてくれて，何度も学校や店で謝ってくれていた。自分のためにいろいろやってくれていることがわかった。これからは，お母さんを心配させないようにやっていきたい」——母親の心配が感じられてきて，でも，それを強く言えなかった母親のためらいが理解できてきたようだ。

その後のA子 ●●●

A子は母親の気持ちを理解してか落ち着いた生活を送っていたが，希望していた高校に合格し卒業式も終えた矢先，深夜徘徊で補導された。ふとした気のゆるみによって，しみついていた生活が表面化してしまったのである。しかし，母親は「いつまでこんなことやってるの！　いい加減にしなさい」と大声でA子をどなりつけ，泣き崩れたという。学年主任からA子の思いを聞いた母親は，自分の思いがA子に伝わらなければA子の不安が増すばかりだ，と気づいたようである。後日学校を訪れたA子は「お母さんにどなられた」とニッコリ笑って話をしたという。

指導を振り返って ●●●●●●●●●●●●●●●●●●●●●●●●●●●●●●●●●●●●●

3人姉妹の間で，母親の愛情がほしいと非行に走ったA子，娘たちの非行に振り回され親としての自信を失っていた母親の姿は，親子の間の意思疎通のむずかしさを感じさせた。互いに近づくことを望んでいるにもかかわらず，互いに遠ざかっていく表現方法しかとることのできなかった親子の悲しみが，身にしみた指導だった。

卒業から数か月後，A子が学校を訪れた。高校の制服を着た彼女は，新しい生活の一歩を確実に踏み出しているようだった。

〔さまざまな場面で行う内観〕

内観で仲直り

傾聴形式

小川　美都子

中学校　個別面接

> あなたがお世話になっている人はだれですか

> お父さんです。お父さんには中学1年の夏の日……

> いま，うまくいっていないB子さんのことを思い出そう

> B子にお世話になったことは……

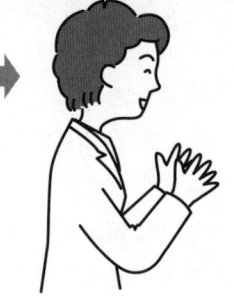

● ねらい
・けんかをして険悪になった2人それぞれに「傾聴形式の内観（面接内観）」を活用し，関係の修復を促す。

● 個別面接に内観を用いるときの条件等
・感情の行き違いやけんかなど，対人関係のトラブルを抱えている子どもで，本人が相手との関係を改善したいと思っているときなど。
・「お世話になった」「迷惑をかけた」という感情の押しつけにならないよう，子ども本人の気持ちに寄り添っていくことが大切である。そのためにも，本音の話ができる基本的な信頼関係があることが条件。

活用している「内観のエクササイズ」のパターン
傾聴形式の面接内観（74ページ）

傾聴形式の内観とは

相談室や保健室などを使った1時間ほどの面接の中で，傾聴形式で実施する。いま自分が問題と感じている人に対して「お世話になったことはどんなことかな？」「お返しをしたことはあるかな？」「迷惑をかけたことはどんなことかな？」などと聞いていく。その時々に問題を感じている人と自分とのかかわりについて内観していくので，現実的な利用といえる。現実をどう考えていくか，どうとらえていくかといった，考え方のトレーニングのような活動になって，ものの見方や考え方を広げていくことを目標とする。

内観を行うまでの経緯

中学2年生のA子は，同じクラスのB子と些細なことからけんかになり，険悪な関係になってしまった。しだいに周りの生徒を巻き込み，A子は孤立していった。学級担任も2人に対して，話を聞いたり担任の考えを伝えたりしていたが，状況はあまり変わらなかった。A子は何度かB子に声をかけたが，B子の横柄な態度に不満を感じていた。

それから数日後，「私が悪かったところは謝ったのに，B子は話を聞こうともしない」，そして「もう，学校に来たくない」と訴えた。

担任と養護教諭は相談し，内観という言葉は使わずに，自分のものごとの受けとめ方を修正してみないかと提案した。

養護教諭による内観を使った面接指導の実際

まず，自分がお世話になったと思える人を選んでもらった。A子はいつも頼りにしている父親を選んだ。面接では，父親に対して自分がどんな人間であったかについて，1日目に幼稚園まで，2日目に小学生，3日目に中学1年生，4日目に中学2年生になってからのことと，期間を決めて思い出していくことになった。

○「父親に対する自分」の内観

最初，幼いころ，父親にお世話になったことを思い出す場面で，A子は「これって，親だったら普通にやることじゃないのかな」と語っていた。そして3日目の中学1年のころ，父親に対して「お世話になったこ

と」として語られたのは次のような内容である。

「夏のすごく暑い日だった。友達と自転車でプールに行こうとしたとき，自転車のタイヤがパンクしていることに気づいた。友達を待たせて，私はほんとうに困ってしまった。そうしたら，用事で出かけようとしていたお父さんが，出かけるのをやめてパンクの修理をしてくれた。暑さの中，お父さんは全身に大汗をかき，タイヤをはずして修理をしてくれた。お父さんのおかげで私は予定どおりプールに行くことができた」

同様に，「お返しをしたこと」「迷惑をかけたこと」も聞いていった。

「私にとってお父さんは世界でいちばん大切な人，お父さんにとっても私は大切な人だと思う。私はお父さんに大切にされていることがよくわかった」と語っていた。

父親に対する自分が調べられたところ（内観の考え方がわかったところ）で，B子に対する自分について調べてみようと提案した。自分が不満に思っている人について内観することはなかなかむずかしいことであるが，これまでの面接ですでにA子に変化が表れていた。

○「B子に対する自分」の内観

B子にお世話になったことでは，「学活で各班紹介の掲示物を作るとき，私は絵が苦手で困っていたら，B子が『私が絵を描くからA子はタイトルを書いて切り取ってくれる?』と親しく話しかけてくれたので，私は班の活動に参加することができた。B子は，ほんとうはやさしい人なんじゃないかと思う」と話した。

「お返しをしたこと」については，「B子が病気で休んだ日，授業ごとに配られたプリントを机の中に入れておいてあげた。机の上に置いたら，どこかに舞っていってしまうだろうから，B子のプリントがなくならないように気をつけたつもりだ（もしかしたら，私も自分が気づかないうちにだれかにお世話になったことがあるかもしれない）」というぐあいである。

そして，「クラスではいろんな出来事があるけど，ほんとうはみんなやさしい人たちなんじゃないかな。みんないろいろな面をもっているん

じゃないかな。互いにお世話になって友達関係が成り立っているんだなと思う」とA子は語った。

○ B子に行った担任による面接

B子に対しても，同様に担任が内観の方向性にそった面接を行った。

B子：「A子，私の悪口を言いふらしたからちょっと無視してる……」

担任：「この間まではよく一緒にいたよね。Aさんがね，『学活のとき，Bさんが声をかけてくれたので活動に参加できて，ほんとうにうれしかった』と話していたよ。BさんもAさんにお世話になったことがあるかな」

B子：「うーん，前に『お弁当を一緒に食べよう』って誘ってくれたときは結構うれしかったかな」

というぐあいである。

この結果，B子のA子に対する姿勢も徐々にやわらかくなってきた。

○ 仲直りをした2人

2人の気持ちが落ち着いたころ，担任，養護教諭，A子，B子の4人で話し合いをもった。2人にけんかのこといまの2人の状況について話を聞きながら，担任と養護教諭は，B子のA子に対する思い，A子のB子に対する思いを伝えた。最後に，今後2人はどうしたいのかを確認し，仲直りの第一歩とした。その後，担任からは，クラスの詩集の印刷をするので2人に手伝いに来るように指示があった。共同作業を通して仲直りを進めようという手だてである。

指導を振り返って

この一連の指導は，内観の面接をベースとして，グループ面接や共同作業につなげ，2人の関係修復を図った事例である。

このように，対人関係でトラブルを抱えながら，相手との関係を修復したいと考えているとき，内観の活用が有効なときがある。内観によってネガティブで被害的な思い込みに気づき，「気持ちが楽になった」と語る生徒も少なくない。また，考え方が全般的に建設的になっていくことなども期待できる。

〔さまざまな場面で行う内観〕

身体内観

体の症状と「私」

大日方　和枝

高校　保健室

（吹き出し・養護教諭）「自分の体」にどんなことをしてきましたか。迷惑をかけたこと、お世話になったことを考えましょう

（吹き出し・生徒）夜中のメールで体をこき使ってきたかな。なのに体は学校でバテずに授業に出てくれているなぁ

● ねらい
・何度も続く体の症状に正面から向き合い、体に対する自分自身のあり方を探る。

● 面談の展開（概略）
・自己チェック用紙に「今日の身体症状」をありのまま記入する。
・症状の続いている部位との対話を通して、その部位に対する自分のあり方について考察する。
・対話が終わってから、気づいたことを振り返る。
・今後の健康管理について検討する。

● 準備物
・保健室で通常使用している自己チェック用紙，身体模型図

展開例　体の症状と「私」

導入

① 自己チェック用紙に今日の身体症状を記入させ，それを見ながら，日常の生活を思い出す練習として，「それはいつだったの，どこで起こったの」と数日の生活について教師が聞き取り，思い出させる。

活動〔教師と子どものペアワーク〕

② 症状の続く部位，自分が問題と思っている部分を特定する。
「あなたの訴えは，体がだるい，重い，疲れるなど，目が痛い，体全体の調子が悪いということですね」

③ 特定した部位・部分に対して，自分が「お世話になったこと」「お返しをしたこと」「迷惑をかけたこと」を思い出す。
「自分の体を自分から切り離して外から見つめてみましょう。自分の体に対してあなたがどんな対応をしてきたか，考えてみるのです」
「まず，お世話になったことについて，思いあたることがありますか」
「次に，体に対して，あなたはどんな迷惑をかけましたか」
「最後に，あなたは自分の体に対してどんなお返しをしていますか」

振り返り

④ 症状の続く部位，自分が問題と思っている部分に対する自分のことを思い出して，感じたこと，気づいたことなどを聞く。
＊日ごろ，自分がいかに体を酷使しているかを実感し，自分の体に対する甘えが健康をそこねていることを理解できればよい。

まとめ

⑤ 生徒の感想や意見を聞いて，教師の感想や意見を述べる。
＊思春期の心身の発育状況は個別的なものであることを伝え，「いまの私」はみんなから大切に扱われている存在であることを理解させる。

⑥ 今後の対応について意見交換する。
「あなたは今後どうしたいですか。今後の家庭生活や学校生活で，あなたが自分の体にして返せることはどんなことだと思いますか。具体的にあげてみましょう」　＊今後の改善案を話し合う。

特色と生かし方

① 保健室来室記録の活用

過去の来室記録を時期に応じてさかのぼり，生徒の現在の生活をデータをもとに振り返る。

＊入学時から卒業時の3か年分の来室記録を個人別に保管するとよい。

② 高校時代の体と心の具体的な急激な変化の理解

高校時代の心身の変化は，速さや変化の程度の個人差が大きい。「いまの自分に何が起こっているのか」を事実に基づいて見つめ直し，より健康的に生きるには，何から始めればよいかを教師と一緒に考える。

③ 対象となる部位によるむずかしさへの対応

対象が胃袋やひざなどであると，自分と距離をおいて考えやすいが，体全体である場合にはむずかしい。そのときは教師が例を示すとよい。

成果・子どもの反応

「今日も相変わらずおなかが痛い。昨日は友達と夜遅くまで遊んだ。寒かったなぁ。今日も服はたくさん着ていないし，薄いシャツを重ね着するだけでそんなに暖かいなんて信じられない。体のことはなんにも知らなかった。使うだけ使って，これじゃおなかも痛くなるよね。明日は絶対に重ね着してくるね」

「私の体はめまいと頭痛を通じて私に『休むように』と伝えてくれていたと思う。親とけんかをし，気持ちを理解してほしくてイライラしてた。たくさんの正直な気持ちを親に言えない私を教えてくれていたと思う。だけど，私はめまいや頭痛がいやだと思うだけで，無視したり，邪魔者にしていた。短い言葉で親に気持ちを伝えてみたい」

「私の足の痛みは学校に行きたくない，部活を休みたいって私に知らせてくれていたんだ。いままではぜんぜん気にしていなかった。自分が怠けていると思っていた。素直に聞いてあげたほうが足が治るし，気持ちが落ち着く」

「おなかが痛い，体がだるい」と訴える生徒の実践例

○ お世話になっていることや迷惑をかけていること

　「おなかが痛い，体がつらい，眠いといっているのに，友達とのメールがあるし，夜中の3時まで起きていてもらいました。メールが終わっても，クリアしていないゲームをして，結局寝たのは4時を過ぎていました。朝7時に起こされ，朝ごはんも食べずに大急ぎで学校に来ました。私の体は横になりたい，栄養をとりたい，と言っているようでした。こんな日がずっと続いていました。体はとってもつらかったと思います。午前中に必ずおなかがひどく痛み出し，何とかしてくれと，もう限界だよと叫んでいるようでした。でも，私は友達にメールを返さなければと思って，その日も体に起きていてもらって，夜中までずっとメールを続けていました。自分のためにずいぶん無理を聞いてもらっていました。ダウンするのもあたりまえだと思います」

○ お返しをしたこと

　「毎日きちんと栄養をとろうと思ってサプリメントを飲んでいます。疲れをとるビタミンBも欠かさずに飲んでいますよ。朝ギリギリに起きるので朝ごはんが食べられません。何も栄養をとらないのは体によくないと思います。サプリメントを飲むと体にしみこむ感じがして，あっという間に元気になっていきます。サプリメントが切れて，午前中に体がだるくなってきたら，持っている栄養ドリンクも飲みます。でも，これは私が朝食を食べずに学校に行っているので，実はお返しではないのですね。休日も，昼過ぎまで眠っているので，食べるのは夕食だけです。栄養をきちんととっているとは言えないし，お返しではありませんね」

○ 考　察

　「私は友達とのメールや，ゲームで遊びたいといった自分の楽しみのために，体や内臓を働くだけ働かせていました。栄養もとらずに，ずいぶんひどいことをしているようです。バテてあたりまえです。よくがんばってくれました。睡眠時間を一定にして，食事を1日3回食べて，ゆっくりとした時間をとってやりたいと思います」

〔さまざまな場面で行う内観〕

反復質問形式

内観インタビュー
—— 心の教育ワークショップ

林　伸一

高校生，教職員，一般社会人
出前講義，校内研修会，ワークショップなどで

● ねらい
・いろいろな人に支えられて現在の自分がいることに気づく。

● 本時の展開（概略）
・2人組で，片方が「いつ，だれに，何をしてもらいましたか」と反復して質問し，聞かれた人は思いつくまま答える。→役割を交代する。
・次に片方が「いつ，だれに，何をしてあげましたか」と反復して質問し，聞かれた人は思いつくまま答えていく。→役割を交代する。
・気づいたこと，感じたことについてシェアリングする。

● 準備物
・キーワードを書いたパネルまたは紙，ホワイトボードとマグネット（マーカー）または黒板とチョーク，ストップウオッチ

| 展開例 | 内観インタビュー（全3時間中の20〜30分） |

| 導入 |

① 「これから自分の過去を振り返って，いまの自分を知るための内観というエクササイズをします。これは吉本伊信という方が，それまでの『身調べ』（浄土真宗の一派に伝わるもの）という修行法の宗教色を取り除き，一般化したものです」

| 活動〔グループ・エクササイズ〕 |

② 「あまり話をしたことがなかった人と，ペアをつくってください」
　＊参加者が奇数の場合は，アシスタントまたはリーダーが相手役になる。
③ 「ペアでジャンケンをしてください。負けた人は，勝った人に『いつ，だれに，何をしてもらいましたか』と繰り返し聞いてください。こういう質問の仕方を反復質問法と呼んでいます」
　＊参加者に協力を得てリーダーがこたえる形でサンプルを見せる。（例：小学校のころ，けんかして泣きながら家に帰ると，兄が肩車をしてくれて，「負けることもある。泣くな」と励ましてくれました。）
④ 「このように，思いつくままにこたえてください。昔のことでも，今朝のことでもいいです。質問する人はやさしく聞いてください。こたえる人が考えているときは，ゆっくり待ってあげてください。では，2分間，始めてください」
　＊参加者の間を回り，支援する。
⑤ 「は〜い。そろそろ時間で〜す」　＊急にストップをかけると話が途中で切れてしまうことがあるので，余韻をもって終了の合図をする。
⑥ 「今度は役割を交代して同じことを繰り返してください」
⑦ 「は〜い。時間です。ふだんこのような質問をされることはないし，同じ質問を繰り返しされることもないので，とまどった人もいると思います。反復質問法では，この質問にとどまって次々に自分の過去を思い起こします。このような非日常的な会話を構成的グループエンカウンターのエクササイズのやりとりにしています。非日常の世界にどっぷりとつかってみてください」

＊以下同様に，質問を変えて「いつ，だれに，何をしてあげましたか」を反復して質問する形で活動。「いつ，だれに，どのような迷惑をかけましたか」という質問は，過去に強い執着をもたせ，活動がストップしてしまうことがあるので，簡便的な教育現場で行うエンカウンターの活動の中では使わないことが多い。

振り返り

⑧「2つのペアが一緒になって4人1組になってください」
＊ペアが1組残った場合は，2人1組のままシェアリングに入る。

⑨「前半の『いつ，だれに，何をしてもらいましたか』のほうが，後半の『いつ，だれに，何をしてあげましたか』に比べてこたえやすかったという人は？ 逆に後半のほうがこたえやすかった人は？」
＊子どもは前半のほうがこたえやすく，教員は後半のほうがこたえやすいようだ。

⑩「4人で，このエクササイズを通して感じたこと，気づいたことを自由に話し合ってください。結論を出す必要はありません。言いっぱなしでけっこうです。5分でどうぞ」 ＊必ずしも5分でなくてもよい。流れを見て調節する。参加者の間を回り，1人が話を独占している場合には介入し，全員の「気づいたこと，感じたこと」を引き出す。

⑪「ここのグループはとても楽しそうに話し合っていましたね。よければ，可能な範囲でどんなことが出たか紹介してください」
＊楽しそうな雰囲気で話しているグループは，あまり躊躇せずにシェアリングの内容を開示してくれる場合が多い。逆に，しみじみとシェアリングしている様子のグループは，重たい内容の話をしていることがあるので，無理に発表させず，様子を見て対処したい。

まとめ

⑫ 参加者が児童・生徒・学生の場合：「自分は周りの人からいろいろなことをしてもらっていることに，あらためて気づいたと思います。周りの人にいろいろお世話になっているわりには，あまりお返ししていないことにも気づいたのではないでしょうか。日ごろお世話になって

いる人への感謝の気持ちが伝えられるといいですね」
　参加者が教員の場合：「いかがでしたか。教員は『してもらったこと』より『してあげたこと』のほうがこたえやすい傾向がみられますが，あまり自己犠牲に専心すると，体がもたなかったり，家庭が崩壊したりすることもあります。また，問題を起こした生徒への指導としてこの内観を応用し，『いままで母さんにどんなことしてもらったの？父さんにどんなことしてもらったの？』とやさしく繰り返し聞いてみると，自分の責任にあらためて気づき反省する契機になると思います」

特色と生かし方

　簡便内観は非行や問題行動がみられる児童・生徒・学生の心の教育に応用できる。説教よりも，自分の内側をよく見直して観察することで，気持ちが整理され，内発的な熟考が促されるからである。
　一対一の教育相談においても，両親の仕事や家庭環境，生育歴を根掘り葉掘り聞くよりも，「小学校の低学年のころ，お母さんにどんなことをしてもらいましたか」というぐあいに，時期と人物を指定して反復質問法で聞いていくほうが，具体的に本人のおかれた状況がみえてくる。

成果・参加者の反応（振り返りシートより）

A「他人にしてもらうことと，してあげることのバランスが悪いと知ったので少し考えながら生活してみます」（高校1年生）

B「自分はしてもらっていることのほうが多く，恵まれた人間であるということがわかりました」（高校2年生）

C「人にしてもらったことは思い出せるのに，人にしてあげたことはなかなか思い出すことができませんでした」（高校2年生）
　　⇒同様の感想が多い。

D「『してあげる』のほうは，最近のことばかりで，昔のことは何も思い出せず，すぐ記憶から忘れられてしまう」（大学生）。同様に「『してあげる』は，あまり自分の内にたまらない」など。

E「自分を振り返ることはあまりなかったが，客観的に自分を見ることができるようになった気がする。学校で使っていきたい」（教員）

おもな参考文献①

〈内観(内観法)関係〉
○内観一般書籍
内観療法　奥村二吉・佐藤幸治・山本晴雄編　医学書院　1972
禅的療法・内観法　佐藤幸治編　文光堂　1972
心の探検　内観法　楠正三　桐原書店　1976
内観療法入門　三木善彦　創元社　1976
活力創造への道　柳田鶴声　人間の科学新社　1981
内観への招待　吉本伊信　朱鷺書房　1983
瞑想の精神療法（現代のエスプリNo.220）　至文堂　1984
驚異の自己活性法　柳田鶴声　同友館　1985
内観法──四十年の歩み　吉本伊信　春秋社　1989
感性を鍛える　鬼木豊　星雲社　1989
愛の心理療法・内観　柳田鶴声　いなほ書房　1989
内観療法　三木善彦　ヘルス研究所　1992
内観法入門　村瀬孝雄編　誠信書房　1993
内観実践論　柳田鶴声　いなほ書房　1995
内観──理論と文化関連性　村瀬孝雄　誠信書房　1996
内観療法　川原隆造　新興医学出版社　1996
健康と内観法15章　草野亮　アテネ社　1997
忘れていた心の宝と出会える本　三木善彦　同朋舎　1997
内観　長島美稚子・横山茂生　法研　1997
心理療法の本質　川原・東・三木編　日本評論社　1999
心理療法としての内観　真栄城輝明　朱鷺書房　2005

○内観研修所関係
内観道　内観教育研修所　1966
内観教育　内観教育研修所　1966
矯正と内観　内観教育研修所　1969
人造り法　内観研修所　1971
悩みの解決法　内観研修所　1971
内観法へのご案内　内観研修所　1973
内観の話　吉本伊信　内観研修所　1974
内観法　吉本伊信　内観研修所　1975
日常内観　楠正三他　内観研修所　1977
内観の道　吉本伊信　内観研修所　1977
内観と精神衛生　内観研修所　1978
内観の集い　内観研修所　1978
逆境の逆転　竹元隆洋　指宿竹元病院内観研修所　1978
精神の弁証法的発展としての内観　奥村二吉　内観研修所　1978
内観の体験　内観研修所　1980
内観法のしくみ　楠正三　内観研修所　1980
自己の探求　三木善彦　内観研修所　1981
内観の実際　内観研修所　1981
内観体験（二）　内観研修所　1981
心の時代　内観研修所　1982
内観と医学　竹元隆洋　内観研修所　1982
新聞記者の内観体験記　内観研修所　1982
精神医　内観研修所　1983
内観事例集1　内観研修所　1985
信前信後　吉本伊信　内観研修所　1985
内観療法の実際　三木善彦編　奈良内観研修所　1985
吉本対機面接　池上吉彦編　多布施内観研修所　1989

第6章
教師のための内観

一人の人間としての成長，教師としての成長

飯野　哲朗

　教師の力量を高める目的で行われる教職の研修には，生徒指導や教科指導，教育法規や学校経営など，さまざまな内容があります。これらは職務に必要な知識や態度を身につけることをめざしています。

　ところが，教師の意識改革を含めて，教師の自己分析や自己洞察，自己理解を促し，自己変革を迫ることを直接のねらいとした研修メニューとなると，それらしきものはなかなか見あたりません。

　そのようななか，研修メニューとして取り入れていただきたいのが，内観です。これは，教師の人間的な成長を目的として，さらに，職業人としての教師の成長を促すものとしても有効であると考えられます。

　ここでは，教師にとって内観にどのような意味があるのかについてお話しします。最初に「一人の人間としての成長」という観点から考え，次に「職業人としての教師の成長」という観点から考えます。

1　一人の人間としての成長

　教師も生身の人間です。多くの人が抱える人生の問題を，同じように抱えています。ただ，人生の先輩として子どもたちにかかわっていく教師が，自分個人の問題に振り回されていたのでは，冷静に，自信をもって教師の仕事を行っていくことはできません。

● 八方ふさがりだった私

　生きていく以上，人生における問題はなくなりませんが，内観はだれもが直面する人生の問題を整理し，それを乗り越えていく力，あるいはその問題とともに生きていく力を与えてくれるようです。

　特に，集中内観を経験した教師からは，「内観によって行きづまりから解放された」といった声がたくさん聞かれます。私もその一人でした。

序章でもふれましたが，私は，30歳を目前にしたころ，静岡県で内観所を開いておられた安田シマ先生のもとで内観に出合いました。

そのころの私は，授業や生徒の指導に自信がもてないまま，放課後と休日は部活動に追われる日々でした。理解できない生徒や保護者の対応に有効な方策も見いだせず，同僚との関係もちぐはぐで，教師として何をめざし，どのように進んでいったらいいのかわからない状態でした。

同じころに結婚し長女を授かりましたが，職業人として自信がもてずにいた私は，家庭においてもゆとりがなく，妻や子どものことを考えることもできませんでした。このときの私は，人間として不安定な自分にいらだちを感じていたのです。

● 集中内観体験で，新しい人生が開けた

1週間の集中内観は，暮れから正月をはさんで行いました。屏風の中に座って，朝は張りつめた冷気を吸い，昼は障子に映る柔らかい光に包まれ，夕暮れどきには茜色の光を感じ，夜は電灯の明かりのもとで内観を行いました。厳しい1週間でした。

私は内観によって，肩ひじを張って生きていた自分，画一的な価値観や狭い視野をもった自分を思い知らされました。そして，みんなに受け入れられている自分に気づかされました。支えられている自分を信じ，新しい人生が開けるような気がしたのです。人生の意味，生きる意味といったら大げさに聞こえるかもしれませんが，少なくとも人間として未熟であった自分を思い，多くの人の中で生活していく自分がどうあったらよいのかについて，つくづくと考えさせられたものでした。

新学期が始まると，生徒や同僚とともにいることをありがたく思いました。妻や子どもと過ごす時間の大切さが実感されて，私を生かしてくれている人たちの思いが骨身にしみたものです。不甲斐ない私が生きていけることに感謝し，私の生活は少しずつ変化していきました。

その後，私は内観所で何度か内観をさせていただき，ときには，内観にいらっしゃった方たちの面接やお世話をさせていただきました。

私は，内観をとおして，一人の人間として多くの人たちとともに生き

ていく意味を少しずつ理解していき，夫として父として，やっと人々の間で歩いていくことができるような気がしてきたのです。

私の体験からも，内観を行う意義は，「一人の人間として，自分自身のこだわりを見つめ，人生を整理し，人生の本来の姿を自覚していくこと」にあるような気がしています。

② 職業人としての教師の成長

次に，内観を行う目的を，「職業人としての教師の成長」という観点から考えてみます。

みなさんは，カウンセラーやセラピストをめざす人が教育分析やパーソナルカウンセリングを受けることはご存じでしょうか。

教育分析は，カウンセラーが自分自身の心の癖や盲点に気づき，クライエントの心の読み間違いを防ぐために行われるものです。私は，カウンセラーやセラピスト以上に子どもたちの日常生活に直接にかかわっていく教師には，教育分析的な研修が必要であると思っています。

ところが，現在，教職に関する研修内容を見ても，教師にとっての教育分析的な研修を位置づけているところは，ほとんど見あたりません。そのような中にあって，内観は，こうした教師の教育分析的な研修として十分にその機能を果たすものであり，分析を超えて，教師としての生き方やあり方を考えるうえで，大きな示唆を与えてくれる研修になると考えています。それは，人と人との具体的な関係を調べ，人と人とのかかわりの中で自分を見つめていくプロセスで獲得されるものが，教師の職業特性に有効に働くからです。

●「人の見方・考え方」2つの視点

人をどうとらえていくかといった，人の見方や考え方には大きく2つのものがあるようです。

◆一個の独立した存在として

一つは，その人個人の内面を，他と独立させて追求していく立場です。

つまり、その人がそう考えたり行動したりするのはどうしてか、内面に何があるからか、どこからそうした考えや行動がなされるようになったのかなど、もって生まれた気質を含め、その人の生い立ちなどを中心に個人をとらえていくものです。これは、人を一個の独立した存在としてみていく、医学的・精神（心理）療法的な見方に近いものです。

◆かかわりをもつ存在として

もう一つは、人を、周囲の状況や他の人、何かのものとのかかわりをもつ存在としてとらえていこうとする立場です。つまり、人が生きるとは、何かと関係をもちながら生きていくことであるという考え方です。

言いかえると、人が関係の中で生きていくということは、人はかかわりの仕方やかかわりのあり方によって変化するもので、その人のかかわり方が、その人そのものであるという考え方です。人を、他の人や集団とのかかわりのあり方によってみていこうとする、ある意味で社会学的な見方といってもよいのかもしれませんが、これは、グループアプローチ、集団力学、組織論、コミュニケーション理論などに用いられている、人の見方でもあるようです。

◆2つの視点の使い分けが大切

教師は、この2つの視点を場面に応じて使い分けることになります。ただ、教師が集団の中で子どもたちを観察したり指導したりすることを考えると、教師の人間理解が医学的・精神（心理）療法的な見方に偏ることは、子どもたちの社会的な成長を阻害することにもなりかねません。

社会的な存在として子どもたちの成長を促していく教師の仕事を考えると、社会学的な見方を基本にすえて、その中で必要に応じて医学的・精神（心理）療法的な見方を活用していくことがよいと思われます。

● 関係的な存在としてとらえていく手段として

社会学的な見方、つまり、人間を関係的な存在としてみていくという視点については、対象関係論や関係療法、リレーションシップなど、いくつかの理論があるようです。

私自身は、構成的グループエンカウンターで活用する理論と技法の一

部として，心理劇にも親しんできました。その体験から，心理劇の基礎理論として開発されてきた「関係学」(松村康平氏の開発による)や「関係状況療法」(関係学を土屋明美氏らが実践的に発展させたもの)なども参考にすることがあります。しかし，これでは，ある先生は関係学や関係状況療法を参考にし，ある先生は対象関係論や関係療法を，またある先生は他の理論を参考にしている，ということになってしまい，議論するにしても意見がかみ合わないことがあるのでしょう。

　一緒に議論や実践を行うという点では，多くの教師が共通して語ることのできる関係にかかわる理論や方法をもっているとよいのでしょうが，現状ではなかなかむずかしいようです。こうした状況を考えると，関係的な存在として人間をとらえていくという分野において，その理論や方法がシンプルである内観は有効な候補になるような気がします。

　内観は，人に対して自分がどんな存在であったかを，それぞれの人とのかかわり方に注目して，自己分析を行い，自己洞察を深めていきます。単に理論を学習するだけでなく，事実を調べる作業やトレーニングを行いながら，実感の伴った理解をしていきます。ですから，教師が，集中内観のほか，内観のエクササイズをいくつか体験しておくと，人間を関係的な存在としてみていくことについて，実感のある理解をすることができることになります。机の前で考えを巡らすだけでなく，実践的な場面で仕事を行う教師には，適した学習方法でもあると考えられます。

　私は，「具体的に事実を確認していく作業によって，他の人との関係を検証しながら，自分自身についての考察を深めていく内観のスタイル」が，「集団やグループの中でかかわりをもちながら，子どもたちの社会的な成長を促していく教師の仕事」には適したものであると思っています。そういう意味で，内観は，職業人としての教師の成長を促すための研修としても有効なものなのです。

● 自己分析や自己洞察の手法として

　私が教師にとって内観が適していると考えるもう一つの要素は，「自己分析」という視点からです。内観は，その方法自体は単純なものです。

ですから，方法さえ理解することができれば，自分一人で行うことができます。論理療法や交流分析のように，自分一人で自分を分析したり洞察したりする手法として活用できるという要素も見逃せません。

　教師の仕事は，毎日，子どもたちとの人間関係に身をおくものです。そのときその場で，状況を振り返るための方法をマスターしておくことは，教師にとってはとても重要なことです。

　ところが，この点において，教師は共通した方法をもっているわけではないようです。多くの教師は偶然に出合った方法や，独自に考えた方法を使って，分析，洞察し，自分を維持しているというのが現状です。

　子どもたちの人間としての成長を図っていく教師の仕事の重要性を考えたとき，教師の自己分析，自己洞察などに関する部分が，個人の経験や努力にゆだねられているというのでは，教師の専門性を一定のレベルで維持していくことはむずかしいと言わざるをえません。

　これまでは教師の職業的な意欲や社会的な要求が，こうした状況を支えてきたのでしょう。しかし，社会が複雑になり，さまざまな価値観の中で教育活動が進められるようになると，教師の専門性，特に自己分析や自己洞察，自他の理解などにかかわる部分においては，いくつかの方法論を教師が共通して理解しておくことが必要になってくるでしょう。

　そして，内観はその単純な方法と自分一人で行うことができるという点で，教師が共通して理解しておくには有効なものだと思われます。

　私が教師にとって内観が適していると考えるのは，まず，一人の人間として，自分自身を振り返ることができる点です。2つめには，関係性を主とする教師の職業特性としての「ものの見方や考え方」を身につけることができる点です。内観は，こうした教師の職業的な特性を支え補うものとして，有効に機能すると考えられます。

　このあとは，集中内観や内観のエクササイズを体験した先生方に，内観の体験が一個人としてまた教師としてどんな意味があったのか，自分がどう成長し，どう変わっていったのかをお話しいただきます。

亡き父母からのメッセージ

住本　克彦

　私は，2003年春，2泊3日の構成的グループエンカウンター（SGE）リーダー養成ワークショップに参加し，それまで行うことができなかった「父母に対する自分」についての内観に挑戦しました。

● 亡き父からのメッセージ

　父が亡くなったときのことです。親族で父の亡骸を斎場まで運んだ際，親族ではない方が喪主である私のところへ来て，「（父の）棺を担がせてください」と申し出てくださったのです。私は，これは父からのメッセージだと思いました。「克彦よ，おまえがこの先も教師をさせていただこうと思うのなら，おまえが死んだとき，『先生の棺桶を担がせてください』と教え子に申し出てもらえるような教育をしてみろ！」と言っているように思えたのです。

　そのとき私は，「自分の葬式の際，『先生の棺桶を担がせてください』と言ってくれる教え子はいるかな」と考えてみたものの，一人として頭に浮かばず，父のメッセージの深さ，重さを痛感しました。

　政治家だった父は家にいることは少なく，私には父との思い出はほとんどありません。しかし，その方に申し出てもらえたおかげで，生前の父が人とどんなつきあいをしていたかを推し量ることができ，私自身「ああ，おやじと出会えたなあ」と実感したのです。

● 不治の床についた母から教わった母心

　本研修があった年度中に，母の3回忌法要を行いました。母は不治の病でした。闘病生活は9か月に及び，その間，入退院を繰り返しました。病院ではベッドから落ちたこともあったので，フロアーに畳を敷き，母はそこに横になっていました。母は1畳，私は半畳の個室の寝間でした。私はそこから職場へ出勤し，職場から病院へ戻ると，「お帰り」と言って母が迎えてくれました。

日ごとに母はやつれ，最後の1か月は骨と皮だけの姿でした。母は昼間は眠り，夜は徹夜で私に思い出を話し続けました。そのとき，力はほとんど残っていない母が，腕で私の上半身を押さえ込み，足で下半身をはさんできました。私が「なぜこんなことするの？」と尋ねると，「克彦が逃げないようにや」と言います。

そして，私がウトウトしかけていたときのことです。母が骨と皮だけの腕を伸ばして，めくれた布団を私に掛けてくれたのです。

「いくつになっても私はおふくろの子どもなのだ」「不治の病になっても，子のことを思う。わが子を思う母心ほど尊いものはない」。

その夜，私は眠れるはずもありませんでした。「もし生まれ変わることができるなら，次の世でも，その次の世でも永久におふくろの子どもとして生まれたい。そして今生での数限りない不孝を償いたい！」──そう思わずにはいられませんでした。

その後しばらくして，4人の子ども全員が病室に揃うのを見届けて母は逝きました。

● 子どもたちの自尊感情を高める内観を学校で

現在私は，おもに教職員や児童生徒を対象にSGEのリーダーを務めさせていただいています。

このときの内観による気づきが，SGEの参加者にも伝わり，いまの学校現場に山積する，いじめや不登校など，幾多の課題を解決する一助になればと強く願っています。

自分のことが好きだと思えない，人間関係が希薄……こういった子どもたちの現状を見るとき，ぜひ多くの学校現場で内観エクササイズを実践したいと思うのです。

子どもたちが内観を体験することで，父や母に支えられてきた自分，周りの人に支えられてきた自分に気づき，「自分は，父や母，そしてたくさんの人に支えられているかけがえのない存在である」「人は人とのふれあいの中でこそ成長するものである」と自尊感情を高め，心と心のふれあいのある人間関係を希求するようになると考えています。

内観に支えられた自己開示

齋藤美由紀

　教師は自己開示によって生徒に人生の姿を伝え，それによって生徒は自分の生活を振り返り，これからの人生を考えるようになっていきます。

● 内観から自己開示

　私は，これまでに，何度か内観をテーマとした構成的グループエンカウンター（SGE）のエクササイズを体験しました。そのときのリーダーの自己開示は，「どうしてあんな自己開示ができるのだろう」と思われるほど，堂々として親しみがあり，しかも自分自身について深く振り返させられるものでした。

　そして，内観のエクササイズを体験すると，自己開示は自己追求や自己洞察を通過してはじめて可能になるのだと感じられてきました。私が驚いたリーダーの自己開示も，こうした裏づけがあったのです。

　いまでは，私も，内観のエクササイズを体験することで，子どもたちの心に届く自己開示がなんとかできるようになってきたと感じています。

● 母に対する私について

　特に，SGEのリーダーの自己開示が，自分自身の課題にふれたとき，「そういうことなんだ」と自分自身のためらいをふっと乗り越えて，その課題について考えることができました。その中で，私は，母との関係を整理することができたのです。

　中学生・高校生のころの私は，人としての生き方や常識を重んじる母の厳しい躾に対して強く不満を感じていました。いつも淡々と子どもに接する母に，私は距離をおいてかかわっていました。

　ところが，大学受験を間近に控えた大晦日の夜のことです。1年近く親もとを離れて受験勉強をしていた私は，帰宅するために電車に乗りました。母は，改札口を出た私をじっと見つめ，涙を浮かべながら無言でそっと毛糸のストールを肩にかけてくれたのです。そして，「あなたの

ことを毎日思いながら一段ずつ編んだんだよ。会いたかった！」と母は声を震わせながら私への思いを話してくれました。私はそのとき，じっと堪え忍んで自分を育ててくれた母の愛を感じたのでした。でも，そのときは，正直な気持ちを母に返していくことができませんでした。

私は，内観のエクササイズによって，私の横柄な態度が，母をどれほど苦しめていたかに，ほんとうに気づかせてもらったようでした。私を信じ，決してあきらめなかった母の愛を心の底から実感させられたのです。

こうして，ひとたび母の愛を実感すると，かたくなだった私の心は，まるで春の雪解けのようにとけていきました。母をいとおしく思う心の眼が開いて，母について素直に語ることができるようになったのです。

● **私と生徒たちの自己開示**

私が中学3年生を担任した2学期後半，進学校決定の時期を間近に控えて，あせりや不安を家族に向ける生徒が出てきました。私は「出せなかった心の手紙」と題して，学級活動の1時間，「母に対する自分」について語りました。

その後，卒業までの2か月間，全員の生徒が「いまだから話したい私の思い」というテーマで，みんなの前で自分の気持ちを語っていきました。ある男子生徒は，暴走行為をはじめとする問題行動によって，両親を苦しめてきたことを涙ながらに語りました。教師の自己開示やクラスメートの自己開示にふれて，自分も安心して語れると思ったと言います。

子どもたちは，自分を見つめ，これからの生き方を真剣に考えることができるようになったのです。

● **自己開示を支える内観**

教師の自己開示は，教師の生きざまや人としての苦しみや悲しみ，喜びや楽しみを実感をもって伝えていくものです。一生懸命努力した体験や悩み苦しんだ体験，うれしかったり楽しかったりした体験を語ります。

こうした自己開示を可能にするのが，内観の体験なのです。内観による心を揺り動かすような自己洞察，深い自己追求が，私の自己開示を，実感のある，ゆらぎのない自己開示にしていったと感じています。

自らの壁を乗り越える力に

植草　伸之

　「深く自己の心と向き合うことができるようになる」——これが内観体験を通してできるようになった部分です。イライラしたり，ものごとがうまくいかないとき，「いまの気持ちはなぜおこる」「何が原因でイライラしている」など自分の心と対話できるようになりました。
　教師として，子どもの振る舞いに対する自己の感情がわかるようになり，自己の感情をコントロールすることもできるようになりました。内観体験は何よりも人として教師としての自分のためになるのです。

● 内観体験で気づいた「劣等感」

　私が最初に内観と出合ったのは，現職の教員として，生徒指導，カウンセリングを大学院で勉強中のときのことです。技法の一つとして内観でも体験しようという思いで，奈良内観研修所（三木善彦先生）へ1週間の集中内観の申し込みをしました。
　内観を体験するまで，自分自身の成長過程に大きな問題を抱えていたなどとは思いもよりませんでした。そのことを気づかせてくれたのが内観体験なのです。自分に劣等感があることは何となく自覚していましたが，その劣等感は大人になるにしたがって薄れ，いつしか意識しないようになっていました。しかし，内観を体験することでその根っこの部分と対面することになったのです。
　この経験は，内観を体験しなければできなかったことでした。内観によって，自分の人生の中で，霞がかった部分が鮮明になり，自己の課題の解決にもつながりました。

●「あるがまま」を受け入れる

　内観前と内観後では，教師としての心持ちが大きく変わりました。内観前は自分の思いを子どもにも同僚にも一方的にぶつけ，うまくいかないことは子どもや同僚のせいにしていました。しかし，内観後は，「い

ま，なぜ自分はこのような言い方をしようと思っているか」「なぜこんな言い方をしてしまったのか」など，自己の感情に気づくことができるようになりました。うまくいかなかったことを，自分の問題としてとらえることができるようになったのです。

また，内観をとおして，自己の劣等感と真正面から向き合えるようになりました。教師として，一人の人間として，「強さも弱さもある」「よいところも悪いところもある」という事実に気づかせてくれました。

子どもたちに対しても，「失敗もすれば成功もする」「長所もあれば欠点もある」など，子どもたちのあるがままの姿を受け入れることができるようになりました。

● **内観は自らの壁を乗り越える力に**

「子どもたちとうまく接することができない」と感じている教師は少なくないでしょう。それは教師自身に原因があるのかもしれません。自分自身の課題をどれだけ解消しているかが重要なのでしょう。

教師は自らの人生の課題をクリアーにして，子どもたちに接したいものです。そうはいっても，なかには解決しにくい課題もあります。解決できそうにない課題であれば，それがいまの自分には解決できない課題であることを意識しておきたいものです。

教師が自分自身の状況に対する認識がなく，自らの人生の課題に振り回されていたならば，人としての生きざまが，子どもたちに不自然な形で伝えられていくことになります。すると，子どもたちが，教師から人生の意味をつかみ取ることができにくくなります。

内観は，自己の封印してきた課題に気づかせてくれます。人として，教師として，それぞれが抱えた壁に直面させ，それを乗り越える力を与えてくれます。結果として，人生が開けていく実感をもつことができます。教師が明るく，肯定的に人生を受けとめているならば，教師の語る人生の姿は，子どもたちの心に素直にしみこんでいくことでしょう。

内観は，人生を肯定的に受けとめる力を与えてくれる。だから，私は内観を勧めたいのです。

自分を輝かせて生き抜く源泉

森田　勇

　私が内観と初めて出合ったのは，いまから10年ほど前のことです。当時，総合教育センターに長期研修生として学んでいた私は，教育相談研修の一つに組み込まれていた内観研修所視察に参加しました。

● 柳田鶴声先生との出会い

　そこは，宇都宮市から車で1時間ほど行った山間にたたずむ「瞑想の森」と呼ばれる内観研修所でした。世間とは一線を画する文化的孤島の雰囲気をもち，建物も古式豊かな木造平屋造りです。所長の柳田鶴声先生は，内観法の創始者吉本伊信先生の門下生で，吉本先生のあとを受け，NHKの人生読本で講話をするほど内観に熟達されていました。

　私が特に内観に魅せられたのは，柳田先生の内観者に接する構えでした。ここを訪れる内観者は，1日15時間，1週間にわたり，部屋の隅に立てられた半畳ほどの屏風の中で，ひたすら父母に対するこれまでの自分の有り様を厳しく見つめるという集中内観をします。

　柳田先生はこうおっしゃいました。「私の仕事は，一人で己の心の世界を厳しく見つめる内観者一人一人の方に2時間に1回ぐらいの割合で，内心を聞かせていただく面接です。内観法にのっとって，内観者が自分の父母に対してこれまでの自分の有り様を見つめ究明していくお姿は，ほんとうに尊く，神々しく，仏の姿そのものです。ですから私は，常に法座に座られる内観者を主人とし，主人に仕えるしもべとなって，ただひたすらその内心を聞かせていただいています」と。

　あらゆるカウンセリング学派で，内観ほど徹底して他者を大事に遇するものはないと思います。そしてこれは，教育における師弟関係にも求められる構えではないかと思ったのです。

　では，なぜこれほどまでに内観者をかけがえのない存在として遇するのでしょうか。私のつたない内観体験から言えるのは，集中的に自分に

とってかけがえのない他者（父母など）を回顧するにつれ，自分がいろいろな人に支えられて生きている（生かされている）ことが実感されてくることです。そして，この他者と自分との関係に対する深い気づきは，自己の内界に感謝と報恩の心を生み，自己・他者・人生がまさに「かけがえのない存在」となり，肯定的に生きようとする行動変容を起こさせるのです。つまり，他者と自分の関係を歴史的にかつ繰り返し調べることで，自他認知が変わり，その結果，感情も行動も変わるのです。

● 内観を教育現場に生かそう

内観との出合い以来，私は内観のもつ内発的教育力を学校教育現場に生かすことはできないだろうかと模索していました。そんな折，幸運にも國分康孝先生・國分久子先生が主催する構成的グループエンカウンター（SGE）に出合うことができたのです。いまから8年ほど前のことです。

周知のように「ふれあい」と「自他理解」をねらうSGEは，集団体験を通して，参加者の人間的成長を能動的に促すことができます。

八王子の大学セミナーハウスでの2泊3日のSGEワークショップでは，エクササイズの一つとして内観が取り上げられていました。この合宿はSGEのリーダー養成ということもあって，全体シェアリングでは，集団カウンセリングをかねるような形で行われました。この内観エクササイズでの全体シェアリングで，父を亡くし母との間に心理的葛藤をもっていた私は，代理母になっていただいた國分久子先生に，感情をぶつけました。これは，母に対する衝撃的な修正感情体験になり，自分や母親との和解をとおして得た肯定的人生への転換の瞬間となりました。このときのリーダーが本書の編者，飯野哲朗氏です。

● 内観が教えてくれたもの

私が内観体験をとおして得たものは，「人は関係によって生かされていることを実感したとき，はじめてすべてに和解でき，使命を知り，感謝と喜びをもって自分の使命の人生を生き抜くことができる」という人生哲学です。そしてこの哲学は，逆境に遭遇したときにこそ，一段と己を輝かせて生き抜いていける源泉になると信じています。

おもな参考文献②

〈内観(内観法)関係〉
○日本内観学会・自己発見の会関係
内観学会発表論文集　内観研修所・日本内観学会事務局　1978～
内観一筋・吉本伊信の生涯　日本内観学会編　1989
定期刊行物「やすら樹」　自己発見の会　1990～
内観への導き　吉本伊信　自己発見の会　1991
内観の原点　自己発見の会　1992
内観ハンドブック　自己発見の会　1996
内観のすすめ　石井光　自己発見の会　2000 (増補版 2003)
○その他、関連書籍
佛に遇ふ　松原致遠　丁子屋書店　1938
浄土系思想論　鈴木大拙　法蔵館　1942
懺悔道としての哲学　田邊元　岩波書店　1946
真宗入門　鈴木大拙　春秋社　1983
浄土真宗　真継伸彦編　小学館　1985
内観の法　富士川游　谷口書店　1988
南無阿弥陀仏　柳宗悦　岩波書店　1991
いのちの伝承　松田正典　法蔵館　1992
「親鸞」を読む　ひろさちや　佼成出版社　2003

〈学校教育における内観関係〉
人造りと内観教育　島田学園高等学校　1967
高校生と内観　吉本伊信編　内観研修所　1974
学校内観　吉本伊信編　内観研修所　1979
日常内観指導　池上吉彦　内観研修所　1980
内観法を生かした生徒指導　内観研修所　1986
矯正処遇技法ガイドブック　矯正協会編　1991
生徒指導にカウンセリングを生かす　飯野哲朗　ほんの森出版　1999
國分カウンセリングに学ぶ，コンセプトと技法　國分康孝監修　瀝々社　2001
教育カウンセラー標準テキスト (中級編)　日本教育カウンセラー協会編　図書文化社　2004

〈内観のエクササイズ収録書籍〉
エンカウンター　國分康孝　誠信書房　1981
構成的グループエンカウンター　國分康孝編　誠信書房　1992
子どもが優しくなる秘けつ　石井光編著　教育出版　2003
構成的グループエンカウンター事典　國分康孝・國分久子総編集　図書文化社　2004
エンカウンターで学級が変わるシリーズ　國分康孝監修　図書文化社

〈教育実践・生徒指導関係書籍〉
教育実践学　高久清吉　教育出版　1990
教育方法学　佐藤学　岩波書店　1996
教師の使えるカウンセリング　國分康孝　金子書房　1997
生徒指導が機能する教科・体験・総合的学習　坂本昇一　文教書院　1999
関係状況療法　土屋明美監修　関係学研究所　2000
非行予防エクササイズ　國分康孝監修　押切久遠著　図書文化社　2001
VLFによる思いやり育成プログラム　渡辺弥生編　図書文化社　2001
「なおす」生徒指導「育てる」生徒指導　國分康孝/國分久子監修　飯野哲朗著　図書文化社　2003
小学校・中学校・高等学校 学習指導要領　文部省

第7章
「内観のエクササイズ」を補うために

私は，内観を教育に生かし，子どもたちのよりよい成長を促していこうと提案してきました。内観自体には，人と一緒に生きていく意味を考えさせるなど，人間の成長の核になるようなものを，子どもたちに身につけさせる力があると思っています。特に，吉本伊信先生が開発された「集中内観」には，人間の根本的な部分を見つめさせていく力があります。しかし，「学校で行う内観のエクササイズ」では，集中内観のような，密度の濃い作業は望めません。個人差はあっても，一般にその効果には限界があります。

　本章では内観の特徴をもう一度確認し，学校で行う内観のエクササイズをどんな活動で補っていくことで，本来の内観に近づくことができるのかについてお話しします。

1 「内観」から学ぶもの

　第2章の「『内観のエクササイズ』で学べること」でお話ししましたが，もう一度，内観の特徴を確認しておきましょう。

(1) 人間観・世界観

　内観の最も大きな特徴は，最終的に獲得される「人間観や世界観」でした。内観を続けていくと多くの人は，人のやさしさ，あたたかさ，寛容さを感じるようになります。そして，そんな人たちに甘えている自分，わがままな自分，偽りの多い自分に直面します。人のあたたかさの中で，他の人のために行動することの少ない自分のふがいなさに，体がうち震え，涙がとまらないこともあります。

　そのまま，内観を続けて事実を思い出していくと，そうしたふがいない自分に，周囲の人たちがいつもあたたかく接してくれていることに気づきます。思い出すほどに，私の周りの人たちは私にやさしいことがわかってきます。どんなときにも私を見捨てることがないと，しみじみと感じるようになるのです。

内観がここまで進むと、「反省（懺悔）」の気持ちだけでなく、「感謝」の気持ちが高まってきます。他とのつながりによって生かされている自分に気づき、他の人も自分と同じように生かされている存在であることに気づいていきます。

なかには、私たちの生活の根底に、だれもが幸せになってほしいという「願い」のようなものがあって、たしかにそれを感じ取ることができるという人もいます。

こうしたものが内観によって獲得される「人間観や世界観」なのです。

(2) ものの見方・考え方

内観の第2の特徴は、「ものの見方・考え方（思考方法）」にありました。内観では、個人の感情や判断を直接には問題としません。具体的な事実を一つ一つ思い出し、事実を再認識したり、新たな事実（具体的な出来事）を思い出したりしていく方法をとっています。よいとか悪いといった判断や、自分の中に生まれた感情は「結論」ですから、直接それにふれると抵抗が生じます。判断や感情は片隅において、最初にあった事実を思い出す（調べる）という作業に集中していきます。それも、3つの問いに答えていくというように、方法が具体的に示されています。その方法に従っていくことによって、それまで考えていた事実の意味合いが変わってきます。その事実から生まれていた判断（認識）や感情がしっくりいかないものになってきて、結果として判断や感情が変化していくのです。認識や判断、感情の問題を、理性的に乗り越えることができるのです。

過去の事実を思い出す作業に集中して、自分の感情や、よいとか悪いといった判断に直接アプローチしないことは、内観の大きな利点といえるでしょう。

このように内観の第2の特徴は、最終的に獲得される「人間観・世界観」にいたるための、具体的な「ものの見方・考え方（思考方法）」にあるのです。

❷ 学校で行う「内観のエクササイズ」を補うために

お話ししたように,内観には,一つの哲学的な立場(内観的な人間観や世界観)とそれを獲得するための方法論(内観的なものの見方・考え方)が明確になっています。人間とは,世の中とはどんなものかが認識できてきます。

そして,「では今後どうしていくか」ということになると,それは自分自身で考えなければなりません。

集中内観を経験すると,深い内観のレベルを知っているわけですから,いろいろなことを考えても方向性には揺らぎが少なくなっています。内観を行うまでに身につけてきた人間的な力(生きるための知恵,社会常識やスキルなど)を使って考えていくと,今後どうしていったらいいかが自然にわかってきますし,それを実行に移していくだけの実感のある理解がなされています。

それほど意識をしなくても,内観の深まりに従って日常生活は変化していくようです。

学校で行う内観のエクササイズも,子どもたちに実感のある理解を促し行動に影響を与えるものではありますが,集中内観と同じレベルというわけにはいきません。

そこで,学校では,内観のエクササイズを他の何かの活動で補うようにして,行動に移しやすくするための支援をすることが必要になってきます。

内観の人間観や世界観に従って積極的に行動していくためには,どうしたらいいのか。つまり,内観の発想を生かして,日常生活を維持していくための方策・方法のようなものを,子どもたちにどう身につけさせていくかということになります。

以下に,いくつかのアイデアをお話しします。実際に学校で行われているものがほとんどかもしれません。

（1）積極的な行動に結びつけるためのトレーニング

　内観の思考方法と人間観・世界観をベースにして，能動的に日常生活を送っていこうとしたら，私はソーシャルスキルトレーニングやロールプレイ，ディスカッション活動などを体験することを勧めます。

　内観で得た人生観や世界観を実践していくための，指針や方策・方法を身につけていくのです。

❶　ソーシャルスキルトレーニングでハウツーを学ぶ

　ソーシャルスキルトレーニングでは，生活に必要なハウツーを学びます。人とかかわるときに，どんな表現をとればいいかを理解しておけば，日常生活の中で，内観的な心構えを具体的な言語表現や行動として運用しやすくなります。

　いつもは「おーい」とか，「ねぇ」で終わっていた言葉かけが，「Aさん。忙しいときにごめんなさい。実は，この荷物を向こうの教室まで運びたいのですが，重くて私一人では運べないんです。できたら手伝っていただけないでしょうか。そうしたら，とても助かるのですが」と，自分の内面を，誤解なくきちんと伝えることができるようになってくるでしょう。

　作業が終われば，「とても助かりました。おかげで，時間までに荷物を運ぶことができました。忙しいときに手伝っていただいて，ありがとうございました」というように，相手への配慮のある言葉かけを行うことができるようになります。

　内観によって，人に対する謙虚さや感謝の気持ちがわいてきても，それをどう表したらよいか，その具体的な方法を知らなければ，自分自身の生活や人との関係は，そう簡単に変わっていくものではありません。

　内面が変われば，変わった内面を相手に伝えていくためにふさわしい，新しいハウツー（行動や発言の仕方）を学ぶことが大切です。

❷　人と人の関係を深めるロールプレイ

　ロールプレイには，人と人との関係を深めるために行うものや，純粋

に個人の認知・感情の変化のために行うもの，ハウツーの学習のために行うものなど，さまざまなものがあります。

　ここでいうロールプレイとは，ある役割やパターンを訓練するというイメージよりも，ある役割を通して状況を発展させていく体験をするというイメージです。

　内観というと，意識は自分の内面に向かっていきますので，内省的，静的になりがちです。人と人との関係を深めるために行うロールプレイに親しむことは，ややもすると個人的・受動的・閉鎖的になりがちな内観の学びに，集団的・能動的・開放的な要素を加味するという意味があります。

　ロールプレイを行って，新しい場面の中で動いたり，考えたりして，体全体で表現された自分を感じ取りながら，自分を外に向かって開いていくというレベルの活動として，親しんでおきたいものです。自己の可能性にチャレンジすることを意識した活動です。

　例えば，ある子どもが，「デパートに行って，洋服を買ってくるというテーマでロールプレイをやりたい」と言いました。お客さんの役，お客さんの友達，デパートの店員さんなどの役割が割り振られていきます。

　ロールプレイを進めて，店員役の人が洋服について質問される場面になりました。ところが，店員役の子どもは，質問された種類の洋服について知識がありません。困っていると，洋服売り場のチーフとして登場する子どもが現れました。

　「失礼いたします。この商品につきましては，私のほうから説明させていただきます」と言って，お客さん役の子どもとやりとりを始めました。店員役の子どもは「取り残されてしまうのかな」と心配になっています。ところが，チーフ役の子どもは，商品を説明しながら「あなた，ちょっとこっちを持っていてください」，または「あちらの商品をお持ちしてください」などと，店員役の子どもを部下に見立てて，一緒になってお客さん役の子どもとのやりとりを進めていくのです。見ていて，ほっとした場面でした。

ロールプレイを終えて感想を聞くと，店員役だった子どもは「あのとき，Ａさんがチーフになってくれて助かりました。実は，Ａさんが説明を始めたとき，その場にいていいのか，引っ込んだらいいのかわからず，体がかたまっていました。でも，Ａさんは，私と一緒にお客さんと話をしてくれました。私は自分がここにいていいんだと思って，うれしかったです。私も，Ａさんのように，やさしい対応ができるようになりたいと思いました。ありがとうございました」と述べました。

　ある役割をもっている人がとまどっていると，そばに行って一緒に行動し，その人をフォローしていくことができるようになってきます。相手の困った気持ちに共感し，共感した気持ちのままに行動していくことを学んでいくのです。

　最初は行動する恥ずかしさがありますが，そのうちに相手を気づかう気持ちが優先されてきて，その気持ちを具体的にどう行動に表したらよいかを模索するようになります。本来の目的どおりに動くことができるようになってきて，自分の気持ちと行動が一致して，矛盾がなくなってきます。

　子ども自身も友達に助けてもらう場面がありますので，自分の振る舞いをフォローしてくれる仲間への感謝の気持ちを，言葉と体を使って素直に表すこともできるようになってくるでしょう。

　ロールプレイでは，まず，自分の内観的なものの見方や考え方が，どんな場面で，どんなふうに言葉と行動に結びついていくかを，体感を伴って学ぶことができます。

　自分の表現が他の人にどのように受けとめられて，お互いがどのように生かされているかを感じ取れるようになってくると，内観的な人間観，人生観，世界観が無理なく生活の中に生かされるようになってくるでしょう。ここまでくると，自分と自分の周りにいる人たちとの関係は，それまでとは変わっているはずです。新しい人間関係が育ち，生活が新しく変化していくことでしょう。

❸ 生活の場面で生かしていく

　ソーシャルスキルトレーニングでは，内観の哲学を表現する方法を学び，人と人との関係を深めるロールプレイでは，内観の哲学と表現が，どんな場面でどんなふうに結びつき展開していくかを学びます。

　それでも，ソーシャルスキルトレーニングやロールプレイは，あくまで非現実的なトレーニング活動です。当然ながら，これまでに学んだことを，授業や学級会活動，学校行事，部活動などの学校の実際の生活場面で生かしていかなければなりません。そのためには，教師が意識して，学校のいろいろな場面で「内観的なものの見方や考え方」が息づくように指導していくことが大切なのです。

(2)「内観的なものの見方・考え方」を定着させるために

　学校で行う内観のエクササイズによって実施した「内観的なものの見方・考え方」を子どもたちの日常生活の中に定着させるために，教師が意識しておきたいこと，実践したいことについてお話しします。

　内観的なものの見方・考え方は，学級会活動でも授業の中でも，何かについてディスカッションを行うときも，さまざまに利用できます。

　第2章では，内観的なものの見方・考え方の特徴として，
① 事実から考える
② ポイントを絞って考える
③ 現実的に考える
④ 関係から考える

の4点をあげました。

　この4つの思考方法は，日常的にはいろいろな場面で利用されています。しかし，教師が，それが内観のものの見方や考え方につながっていくものであると意識していると，指導の方法や方向性が変わってくるはずです。子どもたちが，いまは，内観のエクササイズであると思わなくても，実は内観の準備をしたり，内観的なものの見方や考え方を復習したりしていることになるのです。

いくつかの場面を例示してみましょう。

❶ 事実から考える活動

まず、「事実から考える活動」についてです。

私たちの認識は、印象の強いイメージに左右されて、全体像がつかめないことがあります。そんなときには、出来事を一つ一つ確認して、実際の姿（事実）をつかむことが大切です。

あるとき、Bさんが家庭科の成績のことで、担任のところへやってきました。Bさんは「2学期は、いままでと違ってがんばったのに成績が上がっていない」と不満げな様子です。そこで、担任は、家庭科の取り組み（事実）について、確認していくことにしました。

まず授業中の様子について聞きます。Bさんは「授業中は先生の話を聞いて、ちゃんとノートをとっていたよ」と言います。

担任が「調理実習のこと、聞かせてくれる？」と、実習のときの様子を確認していきます。すると、初めのころは「ちゃんとやってたよ」と言っていたBさんの様子が、だんだんあやしくなってきます。「さっき、調味料の分量を間違えたって言ってたけど、水の分量も間違えたことがあったの？　どうして？」と聞くと、「一緒の班のCさんとおしゃべりしていて、聞き間違えたようで。それが何回もあって……」。

「レポートは出していたの？」と聞くと、「一生懸命やったよ」と言っていたのですが、「……そういえば3回くらい、先生に『もう一度、修正して出してください』と言われていたのに出してなかった」と、事実が思い出されてきます。

試験のことになると、これはほんとうにがんばったようで「クラスの平均点より20点もよかった。クラスで10番だったよ」と得意げです。それでも、こうして事実を確認していくと、Bさんは自分の認識が事実と違っていることに気づいていきます。

Bさんは、たしかに、ノートを取る、テストの勉強をやるなど、これまで以上にがんばっていたのです。そのことが頭の中にいっぱいで、実習のときに何度も注意されたこと、再提出分の提出物を結局4回出して

いないことが意識に上がってこなかったようでした。最後には，「これでは成績は上がらないよね」と少ししょげていました。

このように，具体的な事実を確認することで，自分の思いが事実とは違ったところから生じていたことに気づくことがあります。学校ではありがちな場面です。

この「事実から考える」ということは，ほんとうのこと（事実）を知ることで，子どもたちが自分の思いや感情を修正する場面でもあります。正しい認識から生まれてくる思いや感情は，子どもたちの間違いのない成長をもたらします。

事実から考える実践は，子どもたちの現実認識を鍛え，生活に根ざした成長をもたらすという意味で，重要であると思います。

❷ ポイントを絞って考える活動

次は，「ポイントを絞って考える活動」についてです。

話題になっていることが複雑で，さまざまな方向に考えや議論が進んでしまって，まとまりがつかないことがあります。こんなときには，一度に全体を考えることはむずかしいので，「ポイントを絞って考える」ことを意識したいものです。

例えば，生徒会で文化祭の企画を決めようとしているのですが，
「展示日とステージ部門の日を一日ずつ増やそう」
「中庭の催し物を工夫して，カフェテラスみたいにしよう」
「保育園や幼稚園の子どもたち，小学生，地域の老人会の人たちなどを招いて，楽しんでもらおう」
「農家や商店の人たちと一緒になって，模擬店をやったり，せりをやったりして，『一日商店街』をやろう」
などと，いろいろな意見が出て，なかなか決まりません。

こういうときには，議論する内容をいくつか限定して，それぞれのポイントごとに意見交換していくとよいでしょう。そこで，「漠然と意見を出していてもまとまりがつかないようだから，議論しなければならない内容をいくつか絞って，一つずつ議論していってはどうだろう」など

と，投げかけてみます。すると，文化祭の目的，実施可能な日数，具体的なメニュー，予算，準備期間，利用できる施設，労力，ゴミの処理，依頼可能な団体，などが出てくるでしょう。そうしたら，「いくつかのポイントが出てきたね。その中で，優先順位の高いものから議論していこう。……まず，目的かな。次は，予算と開催日のこと。次に……。それじゃ，一つずつ議論していこう」と提案し，柱になる話題に絞って議論を進めていくことができます。

それぞれの部分が明確になってくれば，段階的に，具体的な判断がなされ，全体の議論に進んでいくことができます。これなどは，日常的によくある，ポイントを絞って考えることの必要な場面です。

❸ 現実的に考える活動

3つめは，「現実的に考える活動」についてです。

愛情，思い，悲しみなどといった目に見えないあいまいなものを考えるときには，愛情，思い，悲しみの現れである「具体的なもの（行動，発言，利用した物など）」を探します。

どれだけ声をかけてくれたか，何日涙したか，何時間かかったか，何回ノートを貸してくれたか，何を渡したかなどといったように，具体的な行動や回数，利用した物，要した時間や労力に置きかえて考えていくのです。こうした発想ですべてが解決されるということではありませんが，内観の現実的に考えるという姿勢が利用できる場面です。

例えば，国語の時間をイメージしてください。文章を読んでいて，文中のD君の思いの深さがわかりにくいときなど，一つの切り口として，「現実的に考える」ことを意識することができます。

次のような例で考えてみましょう。

「登場人物のD君の思いについては，いろんな意見があるようだね。そこで提案なんだけど，D君の思いはきっとD君の行動に現れていると思うんだ。例えば，文中で，D君がおじさんの家に行って説得をしているけど，おじさんの家に行くのにどれだけの時間が必要だったのだろう。何回訪問しているのだろう。他の場面と比べてみて，どうだろう。それ

だけの時間をかけるには，どれだけの労力を必要としたのかな。そこを考えてみようじゃないか」などと提案してみるのもよいでしょう。

調べていくと，「ほんとうだ。すごい時間をかけてるね。D君の生活からそれだけの時間を使うのは，普通はできないよね。よほど困っていたんじゃないかな」などと考察がなされていきます。

人の「思い」は「行動」となって表れることが多く，現実的な行動に要した時間や労力を考えていくと，その人の思いに近づくことができる場合がある，という視点が導き出されてくるのです。

❹ 関係から考える活動

あるものについて考えるときに，「関係から考える」ことを意識するのもよいでしょう。

理科の教科指導で利用した実践です。

内観の3つの問い（お世話になったこと，お返しをしたこと，迷惑をかけたこと）を，自然の恵みについて考えるときに使った例です。

「まず私たち人間が自然に『お世話になっていること』を考えてみましょう。次に，私たち人間が自然に『お返しをしていること』について考えてみましょう。最後に，私たち人間が自然に『迷惑をかけていること』について考えてみましょう。どんなことがわかるかな」と問いかけてみました。

すると，例えばこんな意見が出てきます。

「自然からお世話になっていることは，四季の移り変わりによって作物が育ちます。海では魚が獲れて，食べ物をもらっています。川の水で発電をさせてもらっています。きれいな景色は，心をやさしくしてくれます。お返しをしていることは，はげ山に植樹して，自然を回復させています。でも，これはもともとは人間が迷惑をかけたことですね。お返しをしていることってむずかしいな。魚が住みやすいように，魚礁を沈めていることなんかもそうかな。やっぱりむずかしい。迷惑をかけていることは，家庭排水やゴミなどで，海の水を汚しています。魚や海草などに迷惑をかけています。木を切りすぎてはげ山にして，雨で山の土が

流れ出して，森を荒らしています。排気ガスなど，二酸化炭素の排出で，空気を汚しています」

このように，人間と自然との関係が具体的にわかってきます。

次に，社会科で行った実践を紹介しましょう。

これは，単にアメリカについて考えるというのではなく，3つの問いを使って，日本との関係からアメリカについて考えるという内容のものでした。

子どもたちからは，「アメリカにお世話になっていることは，科学技術を学ばせてもらって，日本が発展してきたことです。お返しをしたことは，アメリカから学んだ科学技術を高めて，NASAのロケットを作る技術など，逆にアメリカに提供していることです。迷惑をかけていることは，アメリカの立場からすると，牛肉の輸入禁止で，アメリカの畜産業は大変だと思います」というような意見が出てきます。ここから，アメリカの現状のまとめに進んでいきます。

内観の3つの問いを使った活動は，さまざまな関係を通して自然や国について考え，現状を明確にしていく実践となっています。

❺ まとめ——まずは教師が日常的に活用し，理解を深める

さて，内観的なものの見方・考え方（思考方法）を身につける活動として，事実から考える活動，ポイントを絞って考える活動，現実的に考える活動，関係から考える活動の4つをあげました。

こうした指導を教師が意識して行っていると，内観的なものの見方や考え方が子どもたちの生活の中に定着していくことでしょう。

こうした活動は，事前に指導計画案や授業案などに盛り込んでおくこともできますので，授業の一場面として計画的な実施が可能です。

しかし，偶発的な場面で提示していくことも多いでしょう。

発想法や思考方法は，教師に知識があるというだけでは実践として成立しにくいものがあります。教師が内観的なものの見方や考え方を日常的に活用して，いつでも使えるようなレベルで理解をしておくことが大切です。

3 日常に生きるトータルな力として

　本書では、学校の教育活動の中に内観を生かしていこうという提案をしてきました。特に本章では、内観のエクササイズとしての明確な場面以外に、日常のちょっとした場面に内観の発想と方法を活用して、日常的に内観の姿勢を培っていくことについてお話ししました。

　学校では、子どもたちの成長を支援し、促していくことを目的に、さまざまな教育活動が計画されています。それは、最終的に「生きる力」の獲得に収束していくものです。「バランスのとれた、総合的な人間としての力」を身につけさせることをめざしています。

　そのためには、本書でお話ししてきた内観のエクササイズは、有効な実践になると確信しています。

　ただ、学校で行われる内観のエクササイズが効果的であるといっても、単独の実践によって、子どもたちのすべてが補われるかというと、それはまれであると言わざるをえません。本書の内観を活用した実践の提案も、例外ではないのです。子どもたちに「バランスのとれた、総合的な人間としての力」を身につけさせていくためには、いくつもの有効な実践がつながりをもちながら、それぞれの効果が重なり合って、完成された姿に近づいていくことが必要です。

　学校では、本書で提案した内観のエクササイズを核として、ソーシャルスキルトレーニングやロールプレイなどを組み合わせて、また授業や学級会活動などのちょっとした場面をとらえて、内観的なものの見方や考え方、内観的な人間観や世界観を「日常に生きるトータルな力」として子どもたちに身につけさせていくことが大切です。

　子どもたちの現状を把握して、子どもたちが一歩でも半歩でも成長していくことができるように、本書を活用していただければ幸いです。

〔飯野　哲朗〕

第8章

内観アラカルト

学習指導要領と内観

藤田　恭子

　内観は「生きる力」を育成しようとする学習指導要領とどのように関連しているのでしょう。中学校の学習指導要領を中心に考えてみます。

● 総則から

　学習指導要領の総則では，初めに「生徒の人間として調和のとれた育成」をめざすことが述べられ，各学校では生徒の「生きる力を育むこと」をめざし，「自ら学び自ら考える力の育成」を図ることが記されています。いっぽう内観では，3つの問いによって自分の心の中を調べる思考方法を活用しています。それによって，感情と行動にも変化を与え，自らを変化，成長させていこうとしています。これは，自ら考える力を育成し，生きる力を育む活動となるでしょう。

● 道徳から

　総則の，道徳に関する記述（第1章第1の2）を見ると，「人間尊重の精神」や「生命に対する畏敬の念」，あるいは「人間としての生き方についての自覚」等の表現があります。第3章道徳，第2の1「主として自分自身に関すること」の中では，「自主的に考え」「自己の人生を切り拓いていく」という表現や，「自己を見つめ，自己の向上を図る」という表現など，内観の活動にかかわりのある記述があります。第2の2「主として他とのかかわりに関すること」の「温かい人間愛の精神を深め，他の人々に対し感謝と思いやりの心をもつ」という表現などは，内観の目的の一つであるといってよいでしょう。

　内観では，他とのかかわりを通して，自分の本来の姿を見つめていきます。それによって，人としての生き方を自覚していくことができるようになるのです。

● 特別活動から

　特別活動の目標（第4章第1）では，まず「望ましい集団生活を通し

て」という前提がありますが,「心身の調和のとれた発達と個性の伸長」を図ること,「集団や社会の一員としてよりよい生活を築こうとする自主的,実践的な態度」を育てることが述べられ,「人間としての生き方についての自覚を深め,自己を生かす能力を養う」と記されています。

学級活動の「個人及び社会の一員としての在り方,健康や安全に関すること」(第2のAの2)の中では,「青年期の不安や悩みとその解決」「自己及び他者の個性の理解と尊重」「望ましい人間関係の確立」などが,具体的な内容としてあげられています。

こうした記述もまた内観のめざすものと一致します。特に,「人間としての生き方についての自覚」を深めることや,「自己及び他者の個性」を理解し尊重する姿勢の育成には,「内観」は有効に機能します。

● 教科「国語」から

国語の目標(第2章第1節第1)には,「思考力や想像力」を養う,という記述があります。第2学年及び第3学年の目標の部分(1)には,「自分のものの見方や考え方を深め」るという表現があります。内観では,ある人と自分との関係について,過去の時期を限定して事実を調べていくという思考方法を学びます。内観を支える,ものの見方や考え方を学ぶことによって,子どもたちの思考力や想像力を高めていくことができるのです。

● 小学生,中学生から高校生へ

ここでは中学校の学習指導要領を見てきましたが,小学生から中学生の児童生徒は,集団と一体となって,集団にとけこむようにして生活していくことで,自らを成長させていきます。ところが,中学生から高校生になると,自分の視点でものごとにかかわるようになってきます。集団の中に飛び込んで,そこで自分を試すというような形で,集団を活用して,「個」としての成長を図ろうとします。

こうした発達段階の中で,内観も,他の人とのかかわりの中にいる自分やかかわりの中で支えられている自分を意識していく活動から,かかわりを通して自己の内面を深く見つめていく活動に変化していきます。

「内観エクササイズ」のリーダーとしての内観の学習

飯野　哲朗

「内観のエクササイズを行うには，集中内観を経験していなくてはだめなのでしょうか」と聞かれることがあります。この点から考えていきましょう。

● 内観の理解の必要性

「内観のエクササイズ」は，効果の高さが実感されるいっぽうで，そのリスクをも感じさせられる活動です。

例えば，「事実を思い出す要領を十分に伝えられずに，何となく1時間を過ごさせてしまった」「内観による心の変化を受けとめられないでいる子どもを見て，あわててしまった」というようなことを聞きます。

内観のエクササイズを展開するリーダーには，当然，内観の理解が必要になります。

● 内観をどの程度まで理解するか

では，どの程度まで内観を理解する必要があるのでしょう。

実際に内観のエクササイズを展開しているリーダーを見ると，集中内観の体験がある人は多くありません。それでも，内観のエクササイズをきちんと展開しています。

彼らは，構成的グループエンカウンターの体験をベースにして，論理療法やゲシュタルト療法などの学習経験から，内観の方法や内観における思考や感情の変化を類推しているようです。また，吉本伊信先生の書物などを読んで，内観の人間観や世界観を理解しようとしています。

集中内観の体験のあるリーダーと比べると，理屈っぽい雰囲気を感じることもありますが，内観のエッセンスは伝えられているようです。

● 教育活動の中での位置づけが大切

学校で行う「内観のエクササイズ」について考えるときに，私が意識していることは，その活動は内観そのものではなく，学校で行う教育活

動であるという点です。

　例えば，ある療法に傾倒し，その療法についてのエクササイズばかりをしている先生がいます。ただ，子どもたちの実態からは，その活動の意義がよくわからないのです。その先生にはその療法がすべてであるようなのですが，学校の活動がさまざまに補い合って，子どもたちのバランスのとれた成長が図られる，という考えはないようなのです。

　大切なのは，内観そのものを深く追求する視点というよりも，一連の教育活動の中に，どのレベルの内観のエクササイズをどういう形で位置づけていくか，を考える視点であると思います。

● リーダーに必要な内観の学習

　さて，「内観のエクササイズを行うには，集中内観を経験していなくてはだめなのでしょうか」と聞かれたら，私は「まずいくつかのパターンの違う内観のエクササイズを体験してみてください。そして，チャンスがあれば，集中内観を行ってみてはどうでしょう」とこたえます。

　数年前に，「ある内観のエクササイズに参加して，私は漠然とAさんにお世話になったと思っていましたが，これとあれでお世話になっていたと，ほんとうに実感しましたね」と言う人に会ったことがあります。

　さまざまなリーダーの展開する内観のエクササイズを体験してみると，内観的な納得の仕方や感じ方の変化を実感することができます。

　加えて，内観についての書物を読んでいただきたいと思います。私が最初に勧める本は，『内観の話』（内観研修所）や『内観への導き』（自己発見の会）などです。薄くて読みやすい，よい入門書です。＊

　さらに，読書だけではなく，内観に詳しい人の話を聞いて，さまざまな内観のイメージを理解しておきたいものです。こうした理解の仕方を可能にするためには，いくつかのカウンセリング理論に親しんでおくことも大切です。そして，余力があれば，自分自身で日常内観を行ってみるのもよいでしょう。もちろん，集中内観のチャンスのある人は，体験してみてください。内観の深まりが実感できて，深みのある実践の展開に役立つはずです。

＊お問い合わせは，内観研修所，自己発見の会へ。

2つの「内観エクササイズ」の誕生

飯野　哲朗

　内観のエクササイズがどのように展開されてきたのか，2つの内観エクササイズの開発について，お話しします。

● 内観の簡便形としての「基本形」の開発

　内観のエクササイズは，1981年にすでに，構成的グループエンカウンター（SGE）の原典である『エンカウンター』（國分康孝著，誠信書房，174ページ）に示されています。

　國分康孝・國分久子は，SGEの宿泊研修を，大学セミナーハウス（八王子）その他で実施してきました（1974〜）。内観のエクササイズは，当初はセミナーハウス内にある「遠来荘」を使って行われていました。

　國分康孝は，内観のエクササイズの目的を「『自分が，自分が』で生きてきた人間が，実は自分の力だけで生きてきたのではないという自分の実体を知る方法である」としています。自己分析，自己洞察，自己理解を目的としたエクササイズとして位置づけてきたのです。

　國分康孝の開発した内観のエクササイズは，内観の面接時のテープを聞いた後，15分程度の内観を行い，その後，小グループで体験を語り合うという形態です。第4章の基本形がこの形式です。

　その後，内観のエクササイズは部分修正を加えながら，この基本形を洗練していく形で発展してきました。

　本書で示した基本形（71ページ）は，内観法をSGEの手法を使って展開しようとしたもので，内観法の原型を残しています。

● 「反復質問法を使ったインタビュー形式」の開発

　平成になったころ，ある意味でSGEらしい内観のエクササイズが，山口大学教授の林伸一氏によって開発されています。「反復質問法を使ったインタビュー形式」の内観のエクササイズ（内観インタビュー75・146ページ）です。反復質問法とは，同じ質問をペアの相手に何度

も繰り返し投げかけて，洞察を深めていくものです。

　SGEの内観エクササイズとして用いられている代表的な反復質問は，「あなたは，いつ，だれに，どんなことをしてもらいましたか？」というものです。質問されたほうは，その都度，次々と事実を思い出してこたえます。例えば「小学生のころ，水着を忘れて，お母さんに届けてもらいました」「中学生のころ，寝坊して，お父さんに車で学校まで連れて行ってもらいました」など，毎回，違う内容をこたえていきます。

　単純な構造のエクササイズなのですが，体験してみると，不思議なくらいに内面に深くかかわっていく感じがあります。質問が次々に繰り返されるので，迫られるようにして，自分の内面を見つめていくことになるのです。それだけに，怖さのあるエクササイズでもあります。

　SGEのエクササイズの特徴は，メンバーに支えられながら，自分一人では打ち破れない壁を，共に打ち破っていく点にあります。反復質問法を使った内観のエクササイズは，こうしたSGEの特徴を遺憾なく発揮した活動となっているのです。

　そういう意味で，反復質問法を使ったインタビュー形式の内観のエクササイズは，基本形とともに，もう一つの完成された内観のエクササイズということができるのかもしれません。

● 2つの内観のエクササイズの活用

　私は，一日や半日のSGEの研修会では，反復質問法によるインタビュー形式をよく利用します。ペアワークとして取り組みやすく，一連のSGEの流れにのりやすいという利点があります。

　基本形は，SGEに親しんでいる集団や宿泊研修などで利用しています。自分自身で自分の内面を見つめていく活動になることもあって，意欲のある集団や時間的なゆとりのあるときなどに利用しています。

　同じ内観のエクササイズであっても，取り組み方やプロセス，個人の負担に違いがあります。リーダーを務めるときには，時間のゆとり，サブリーダーの有無，集団の意欲，メンバーの自我の成熟度，全体の流れなどを考えて，どのエクササイズにするかを適切に判断したいものです。

「内観インタビュー」の誕生
―― 反復質問法を使ったインタビュー形式

林　伸一

● 「内観インタビュー」の出発点

　森泉朋子・林伸一は，外国人向けの「グループで学ぶ日本語」（アルク『月刊日本語』1995年2月号）のシリーズの中で「遡行と内観」という項目を立て，「してくれたこと，してあげたいこと，してもらいたいこと」というワークシートを用いたエクササイズを提案しました。その一部が「内観インタビュー」の出発点となっています。

あなたが生まれてからいままで，あなたの両親や学校の先生，友達は，あなたにいろいろなことをしてくれたと思います。いつ，だれが，どんなことをしてくれたか，できるだけたくさん思い出してみてください。		
いつ	だれが	どんなことをしてくれましたか
例1）病気をしたとき	母が	私を寝ずに看病してくれました。
例2）子どものとき	父が	私と一緒に遊んでくれました。

　内観道場では，「お母様にしていただいたこと」「お父様にしていただいたこと」というぐあいに人物を指定して想起していく形をとりますが，最近は物心つかないうちに親と死別した子どもや離婚家庭も増えているので，あえてリーダーが人物を指定しない形をとっています。

　筆者は前項のワークシートを用いる代わりに，口頭での反復質問法による内観を，外国人だけでなく日本人学生や教職員・社会人を対象に実施し，後にそれを「内観インタビュー」と命名しました。(注1)

● 「内観インタビュー」の利点

　「内観インタビュー」の利点を列挙すると，①方式がより簡便なために所要時間も短縮でき，ワークシートの作成などの準備もいらず，いつでもどこでも実施できる。②2人1組で実施するため，クラスサイズの

大小にかかわらずできる。例えば，保健室によく来る数名の小グループや教師と生徒の一対一の教育相談や生徒指導の場面，外国人児童の取り出し授業の場面などでも実施できる。③「いま，いちばん欲しい物は何ですか」といった形の反復質問法による自己探索エクササイズとの組み合わせも自然な流れとしてできる。④「肩もみエンカウンター」（注2）の形式にのせて内観インタビューも実施できる，などです。

　内観インタビューの場合は，「人に迷惑をかけたこと」という質問項目は用いません。インタビューされたほうは，「してもらったこと」が多いのに比べて「してあげたこと」が少ないことに気づき，涙ぐむ人はいますが，大きく泣き崩れる人はいないため，教育現場で取り組みやすいといえます。学校現場で用いる構成的グループエンカウンターは，いわばスクールエンカウンターであり，自己反省や懺悔を目的にするのではなく，「いままでお世話になった人に，どんなことをしてあげたいですか」と前向きに質問していくと教育的効果が期待できます。

● 反復質問法との組み合わせ

　反復質問法との組み合わせを思いついたきっかけとしては，私が外国人に対する日本語教師として，同じ質問を次々に学習者に聞いていくことが日常的であったこと，また，クラス活動として2人1組（ペアワーク形式）で会話練習を実践していたこともあります。

　同じ質問を何度も発することは，時間の無駄であるように思われるかもしれません。しかし，質問を反復しないと会話が次々に展開していき，思わぬ方向へ向かっていってしまう場合があります。その点，反復質問法には，脱線せずに課題に集中させる効果があります。

　そのいっぽうで，質問がしつこい取り調べの尋問のようになってしまう恐れもあるので，インタビューする側には，答えを強制せずに受容的な雰囲気で聞く姿勢が必要とされます。

注1）林伸一（2000）「教育カウンセラー養成講座における構成的グループ・エンカウンターの意義」，中国四国教育学会教育学研究紀要　第46巻，第1部
注2）林伸一（1999）「肩もみエンカウンター」，國分康孝監修『エンカウンターで学級が変わる・ショートエクササイズ集』図書文化

人としての成長と内観
──大学生の「内観法にもとづく自分史づくり」

村瀬 旻

　内観のエクササイズは小・中・高校だけのものではありません。ここで紹介するのは大学において実践している一例です。青年後期というアイデンティティの形成に最も重要な時期に，内観をもとにした「自分史づくり」を行う試みです。これは年齢を問わずに行ってよい試みです。

● 「成人(おとな)」になること

　「成人」と書いて「おとな」と読むのは西平直喜（1990）にならっています。「成人」は，単なる年齢や生物的成熟による「大人」とは異なって，心理的成熟とか社会的責任など，人格にかかわる場合に使います。人として成長し「成人になる」とはどのようなことでしょうか。

　ひとことで言うのはむずかしいですが，自分が生きていることについて，過去・現在・未来という時間的な展望と，人と人との関係という空間的な展望とをしっかりもっていること，それによって個人として統合され自立していることだと思います。そして，ストーが『人格の成熟』（1960）で言っているように，「個人の成長とその人間関係の成熟は，たがいに手をとりあって進んでいくものであり，一方が他方を欠いて進んでいくことはありえない」のであって，「成人になる」ことは日常の人間関係のあり方の中に表れてくるものです。ですから自分自身の成長を考えるときに，自分と自分の周りの人たちとのかかわり合いに目を向けることがとても重要なのです。そのことに内観はとても有用です。

● 「子どもから成人(おとな)になる」節目のところで「自分」を振り返る

　大学生の年齢にあたる人たちは，発達的にみて「子どもから成人になる」時期にあります。人生の節目としてアイデンティティを形成する時期にあるのです。そうしたときに，誕生してから今日までの自分について自分史をまとめることには意味があります。ＳＧＥのエクササイズの「墓碑銘」では，過去を総括してこれからに生きる糧にすることを試み

ます。自分史は少し時間をかけて同様なことを行うものといえます。

● **内観法に基づく自分史づくり**

　大学生を対象として，次のように自分史づくりを行います。(1)最初にビデオなどを用いて内観とはどのようなものかの理解を深めます。(2)その後，時間をかけて内観を行います。①自分を調べる期間を，小学校入学以前，小学生時代前半，小学生時代後半，中学生時代，高校生時代，高校生時代以降現在まで，の6つの区分とし，②調べる対象となる人を，母（または母親代わりの人），父（または父親代わりの人），その期間に自分にとって重要であった人3名の計5名の人に対して，内観3項目に従って調べて記録をつくります。(3)これをもとに自分の過去を展望し，「いま，自分がここにいること」の題で，感じたこと・気づいたこと・考えたことを報告してもらいます。(2)の条件として，海外生活や親の転勤などの事情を考慮して，調べる期間を生活していた場所で分けてもよい，また記憶の有無を考慮して，小学校入学以前については調べる対象者が5名にならなくてもよい，などとします。

　村瀬（2003）は，この課題を「心理学（発達・個性）の試験に代わるレポート」として学生に示して，6週間後に報告を求めています。課題を行った後の学生の一般的な感想は，「時間的に大変であったが，自分を見つめ直すことで何か発見があるので，これからの私にとって十分意義があると思う。このレポートは価値がある」というものでした。

● **人生にはいくつもの節目があり，アイデンティティの確かめが必要**

　アイデンティティの形成というと青年期特有の問題のように考えられがちですが，私たちには出生から死去の間に「自分であること」を確かめることが必要な時期が何度もあります。そうしたいわゆる「人生の節目」で内観を行うことは，人として成長していくためにとても意味があると思います。「自分史づくり」は，内観の簡略版に自分の過去を総括する課題を加えたもので，未来への展望を広げるものともなります。

西平直喜（1990）『成人になること』東京大学出版会／A.ストー著，山口泰司訳（1992）『人格の成熟』岩波書店／村瀬旻（2003）「授業科目『心理学』の課題としての『内観法を取り入れた自分史づくり』」，慶應義塾大学学生相談室紀要，第33巻，60-66.

> # 矯正教育における内観の活用
>
> 押切　久遠

　矯正教育における内観の活用の歴史は長く，昭和29年ころに，奈良県内の少年刑務所や少年院において導入されたのが始まりであるといわれています。

　広義の矯正教育の対象となるのは，犯罪や非行をした者のうち，裁判所で実刑判決を受けそれが確定した者や，家庭裁判所で少年院送致の決定を受けた者などです。彼らは，刑務所や少年院などの矯正施設に収容され，一般の社会から隔離された場所において生活を送ることになります。ここでは，矯正教育の中でも，最も内観の活用が盛んである少年院の教育について概観したいと思います。

● 少年院とは

　少年院は，家庭裁判所における保護処分として少年院送致の決定を受けた少年を収容する法務省の施設で，平成16年4月1日現在，全国に本院52，分院1の施設が設置されています。

　少年院に送致されるのは，家庭裁判所が終局処理した少年の3.5％（平成15年。交通事犯等を除く）で，その多くは，非行を繰り返した少年や，被害の大きな事件を起こした少年です。

　少年院は，年齢や犯罪的傾向の程度や心身の状況により，初等，中等，特別，医療の4つの種別に分けられます。また，処遇期間ごとに，長期処遇，一般短期処遇，特修短期処遇の3つに分けられ，原則として，長期処遇は2年以内（平均すると1年程度。なお，2年を超える場合もある），一般短期処遇は6か月以内，特修短期処遇は4か月以内の少年院教育を受けます。

　そして，多くの少年は仮退院し，保護観察に付されて，社会内で引き続き更生のための指導・援助を受けることとなります。

　少年院教育の指導領域は，生活指導，職業補導，教科教育，保健・体

育，特別活動（奉仕活動，行事等）と多岐にわたります。教育を担当するのは専門の法務教官で，通常少年たちは集団寮に所属して，個別担任をはじめとする複数の教官から指導を受けます。特に生活指導は，集団討議（グループディスカッション），ＳＳＴ（社会生活技能訓練），役割活動などの集団指導と，面接，作文，日記，読書，ロールレタリング（役割交換書簡法）などの個別指導とが多彩に組み合わされて展開していきます。内観は，個別指導法の一つとして重要な位置を占めています。

● **少年院における内観の特色**

少年院教育における内観の特色について，そのポイントをまとめると，
① 非行少年の中でも，非行の進んだ少年，家族との強い葛藤を抱えた少年等を対象に行われること
② 少年院という一般社会から隔離された施設において，他の少年たちと集団生活を送る中で行われること
③ 多様な教育手法の一環として行われること

などがあげられます。

また，内観を実施するかどうか，どのような少年を対象とするか，時期や内容をどうするかについては，各少年院により違いがあります。

例えば，ある少年院では，入院数週間後と出院準備期の２回，集中内観を行い，また，ある少年院では，中間期に１回集中内観を行い，日常内観へとつなげている，といったぐあいです。

内観の場の設定としては，集団寮から一時単独室に移動させ，窓にカーテンを引いたり，少年の前についたてを立てたりするなど，落ち着いて集中できる雰囲気をつくるよう工夫しています。

母，父，祖父母，兄弟姉妹，先生などの人物のほか，自分のためにかかった養育費の計算，うそと盗み，薬物，不良交友などをテーマに内観を行わせる場合もあります。

● **少年院における内観の実際**

ここで読者がイメージしやすいように，各種文献等から，少年院における内観の事例を，筆者なりに構成してみたいと思います。

○ 少年の属性，非行名

　17歳の男子。仲間と一緒に自動車を盗み，それを無免許運転して，少年院送致となる。非行名は，窃盗および道路交通法違反。

○ 少年の生育歴

　小学3年のときに実父母が離婚し，母親に引き取られる。姉1人。中学2年ころより不良交友，喫煙，深夜徘徊，校内暴力などの問題行動が始まり，中学3年のときには万引き事件を起こして，家庭裁判所で不処分決定を受ける。高校に進んだものの学校になじめず，1年の秋に中退。その後アルバイトをするが，いずれも長続きせず，仲間と昼夜逆転の生活を送るうちに今回の事件を起こした。

○ 内観への導入

　少年院に入って約半年後の中間期教育の後期，単独室において6日間の内観を行うこととする。その2日前に集団寮から単独室へ移動し，自分の生い立ち等について，課題作文指導を受けている。

　初日の朝に教官からオリエンテーションを受け，内観テープを聴取のうえ，内観に入る。内観中，2時間程度の間隔で教官が面接を行い，1日の内観の終了後，感想を日誌に記入する。

　本人の自発性を大切にする意味から，精神的苦痛などで中止したいと思えば，いつでも申し出てよいこととする。

○ 集中内観

　2日目まで，足の痛みやちょっとした物音が気になったり，雑念にとらわれたりして，なかなか集中できない。面接時の対応や日誌への記載内容も，やや表面的である。教官が面接を重ねて助言する。

　3日目から，徐々に内観の思考様式が身につき，集中できるようになってくる。例えば母に関し，「小学5年のとき，交通事故に遭い入院したことがあった。母は仕事を休んで，つきっきりで看病してくれた。とても心配だったろうし，仕事を休むのも大変なことだったと思う」「中学のとき，私が万引きをした店に謝りに行き，被害を弁償してくれた。どんなに恥ずかしくつらかったろうと思う。自分はつくづく母に頭の上

がらない存在だと思う」「友達と夜遊びに行こうとしたら，泣きながら必死で引きとめてくれたことがあった。私はそんな母を突き飛ばし，ののしって夜遊びに出かけた。母はどんなにみじめだったろう。また，自分は何と勝手だったのだろう」といった具体的な想起が多くなり，自己中心的な考え方や自分を正当化しようとする姿勢に変化がみられるようになる。内観が進むにつれて，面接の際に話す内容が豊かになり，ときには涙ぐむこともある。日誌への記載内容も，過去の自分の行動に対する厳しい視線が含まれたものとなる。

○ 退　観

最終日の午前中に内観を解除し，感想文を作成させ，同じ時期に内観をした少年同士の座談会，事後指導を行ったうえで集団寮に復帰させる。

● 非行少年に対する内観の効用

ここでは，非行少年に対する内観について，少年院における活用を中心にお話ししました。

少年たちは，初めはなかなか内観に集中することができませんが，いったん入り出すと，「してもらったこと」や「迷惑をかけたこと」がいかに多いかに気づき，驚きます。そして，一人で勝手に生きてきたと思っていた自分が，いかに周囲の人から支えられ，迷惑をかけてきた存在であったかを知るようになります。

非行少年の多くは，一面的な見方やかたくなな考え方にとらわれていて，「親や先生や友達が悪かったから，自分がこうなってしまった」という被害感情をもっています。そういったかたくなさを解きほぐし，多面的なものの見方や柔らかな考え方が身につけられるよう，非行少年への働きかけが行われるわけですが，内観はそのための非常に有効な方法の一つであると思います。

【参考文献】

法務総合研究所『平成16年版犯罪白書』国立印刷局　ほか

【文責はすべて筆者個人にあります。】

おわりに

　本書の成立には，3人の師の後押しがあった。

　お2人は，カウンセリングの師である國分康孝先生と國分久子先生である。電話口で，開口一番，「飯野さん。あのね……」と康孝先生の声がし，「そう，そこよ……」と久子先生の声が聞こえると，お2人に許されている自分を感じる。お2人に本書の監修をお願いできて，教え子としてはこのうえなき幸せである。

　もう1人は，すでに他界されているが，内観の師である安田シマ先生である。先生からは内観を通して，さまざまなことを学ばせていただいた。安田先生が使われていた屏風の一つが，いま，私の部屋にある。「定年になったら，内観所をやってください」と言われた安田先生の言葉を受けとめるには，まだまだ時間が必要であるようだ。本書は，安田先生へのお返しの一つになるだろうか。

　本書の成立ということでは，出版元である図書文化社の方たち，菅原佳子さん，フリーの編集者の辻由紀子さんも忘れてはならない。とくに，本書の担当である東則孝さんとの議論は，図書文化社の大切にしているものにふれることができて，本書の成立には貴重な時間であった。図書文化社の方たちとお仕事ができたことに，私は感謝している。

　さて，本書は教育の視点から，教育実践における内観の可能性を探り，そのための条件や技術的な工夫に考察を加え，教育実践の中に組み込まれた内観の形を具体的に示した。よって，内観研修所や医療機関で行われている内観とは，その具体的な姿や運用の仕方は異なっている。いうなれば，「もう一つの内観」の姿を追究したのが本書である。

　読者の方たちからの，ご意見やご感想がいただければ幸いである。

飯野　哲朗

執筆者紹介（五十音順）

朝倉　一隆	広島県教育委員会指導第三課生徒指導係指導主事	P.122
朝日　朋子	台東区立台東育英小学校教諭	P.90
飯野　哲朗	静岡県立池新田高等学校教頭　P.9・P.21・P.31・P.49・P.67・P.118・P.126・P.150・P.152・P.166・P.167・P.184・P.186・編集	
植草　伸之	千葉市教育センター相談部門指導主事	P.162
小川美都子	藤枝市立大洲中学校養護教諭	P.138
押切　久遠	上級教育カウンセラー	P.192
大日方和枝	享栄学園栄徳高等学校養護教諭	P.142
鹿嶋　真弓	足立区立蒲原中学校教諭	P.130
國分　久子	青森明の星短期大学客員教授　P.3・監修	
國分　康孝	東京成徳大学教授　P.3・監修	
齊藤　　優	千葉市立千城台西中学校教諭	P.114
齋藤美由紀	広島県立教育センター指導主事	P.160
住本　克彦	兵庫県立教育研修所心の教育総合センター主任指導主事	P.158
林　　伸一	山口大学人文学部教授　P.146・P.188	
藤川　　章	杉並区立中瀬中学校校長	P.110
藤澤ゆかり	葛飾区立小松南小学校教諭	P.98
藤田　恭子	静岡市立清水第二中学校教諭	P.182
丸山　尚子	静岡市立藁科中学校教諭	P.134
村瀬　　旻	慶應義塾大学教授　P.2・P.190	
森田　　勇	栃木県河内町立岡本小学校適応指導教室担当　P.94・P.164	
簗瀬のり子	矢板市立矢板中学校教諭　P.102・P.106	

※ページ数は，執筆箇所の始まりのページを表す。

監修者

國分康孝［こくぶ・やすたか］　東京成徳大学教授。日本教育カウンセラー協会会長。日本カウンセリング学会会長。東京教育大学，同大学院を経てミシガン州立大学カウンセリング心理学専攻博士課程修了。Ph.D.。ライフワークは折衷主義，論理療法，構成的グループエンカウンター，サイコエジュケーション，教育カウンセラーの育成。著訳書多数。

國分久子［こくぶ・ひさこ］　青森明の星短期大学客員教授。日本教育カウンセラー協会理事。関西学院大学でソーシャルワークを専攻したのち，霜田静志に精神分析的教育分析を受ける。その後，アメリカで児童心理療法とカウンセリングを学び，ミシガン州立大学大学院で修士号を取得。エンカウンター，論理療法，実存主義的アプローチに関する著訳書多数。

編著者

飯野哲朗［いいの・てつろう］　静岡県立池新田高等学校教頭。國學院大学卒業。浄土真宗本願寺派中央仏教学院卒業。筑波大学大学院研究生修了（内地留学）。高校教諭，静岡県総合教育センター指導主事を経て現職。上級教育カウンセラー。教育の学としてのカウンセリングの理論化を模索中。サイクリング，山歩き，詩吟が趣味。著書に『「なおす」生徒指導「育てる」生徒指導』図書文化社，『生徒指導に教育相談を生かす』『教育の"学"としての学校教育相談を目指して』ほんの森出版，『エンカウンターで学級が変わるショートエクササイズ集』『同 Part 2』（共編）図書文化社，『子どもが優しくなる秘けつ』（分担執筆）教育出版，ほか。

「こころの教育」実践シリーズ③
思いやりを育てる内観エクササイズ
道徳・特活・教科・生徒指導での実践

2005年7月1日　初版第1刷発行 ［検印省略］

監修者	國分康孝　國分久子
編著者	飯野哲朗©
発行者	工藤展平
発行所	株式会社 図書文化社

〒112-0012　東京都文京区大塚1-4-5
Tel.03-3943-2511　Fax.03-3943-2519
振替　東京00160-7-67697
http://www.toshobunka.co.jp/

装　幀	本永惠子
印刷所	株式会社 加藤文明社印刷所
製本所	笠原製本株式会社

ISBN4-8100-5450-0　C3337
乱丁・落丁本の場合はお取りかえいたします。
定価はカバーに表示してあります。

子どもたちのこころを育てる手法とツール

こころを育てる授業とツール

「なおす」生徒指導「育てる」生徒指導
國分康孝・國分久子監修　飯野哲朗著　B6判　本体：1,700円

ソーシャルスキル教育で子どもが変わる　小学校編
國分康孝監修　B5判　本体：2,700円

メンタルトレーニングで部活が変わる
上杉賢士監修　加藤史子著　A5判　本体：1,600円

クラスでできる非行予防エクササイズ
國分康孝監修　押切久遠著　A5判　本体：2,000円

ＶＬＦによる思いやり育成プログラム
渡辺弥生編著　A5判　本体：2,400円

小学校 こころを育てる授業　ベスト17
諸富祥彦編集　B5判　本体：2,500円

中学校 こころを育てる授業　ベスト22
諸富祥彦編集　B5判　本体：2,700円

ワークシートによる教室復帰エクササイズ
河村茂雄編　B5判　本体：2,300円

とじ込み式 自己表現ワークシート
諸富祥彦監修　大竹直子著　B5判96頁+ワークシート26枚　本体：2,200円

エンカウンター関連図書

エンカウンターで学級が変わる　小学校編　Part1～3
國分康孝監修　全3冊　B5判　本体：各2,500円　ただしPart1のみ本体：2,233円

エンカウンターで学級が変わる　中学校編　Part1～3
國分康孝監修　全3冊　B5判　本体：各2,500円　ただしPart1のみ本体：2,233円

エンカウンターで学級が変わる　高等学校編
國分康孝監修　B5判　本体：2,800円

エンカウンターで学級が変わる　ショートエクササイズ集　Part1～2
國分康孝監修　B5判　本体：①2,500円　②2,300円

構成的グループエンカウンター事典
國分康孝・國分久子監修　A5判　本体：6,000円

エンカウンターで進路指導が変わる
片野智治編集代表　B5判　本体：2,700円

エンカウンターで学級づくりスタートダッシュ　小学校編・中学校編
諸富祥彦ほか編著　B5判　本体：各2,300円

エンカウンター　こんなときこうする！　小学校編・中学校編
諸富祥彦ほか編著　B5判　本体：各2,000円

図書文化

※定価には別途消費税がかかります